I0089366

COLLECTION DES AUTEURS CONTEMPORAINS DRAMATIQUES

DE L'ALLEMAGNE

LA PRISON

COMÉDIE EN QUATRE ACTES

PAR

RODERICH BENEDIX

Représentée sur les théâtres de Berlin, Vienne, Dresde, Francfort, Stuttgart,
Carlsruhe, etc.

appropriée à la scène française

PAR C. HOMBOURG

PARIS

A. BOHNÉ ET SCHULTZ, ÉDITEURS

RUE DE RIVOLI, 170.

1856

Le droit de représentation est réservé.

YTh
14765

Dédié

A

M. ADOLPHE SELLENIK,

SOUS-LIEUTENANT, CHEF DE MUSIQUE DU 2ᵉ RÉGIMENT DE VOLTIGEURS

DE LA GARDE IMPÉRIALE,

EX-PREMIER CHEF D'ORCHESTRE DU THÉATRE DE STRASBOURG.

Témoignage d'amitié,

C. HOMBOURG.

Yth
14765

LA PRISON

COLLECTION DES AUTEURS CONTEMPORAINS DRAMATIQUES

DE L'ALLEMAGNE

LA PRISON

COMÉDIE EN QUATRE ACTES

PAR

RODERICH BENEDIX

Représentée sur les théâtres de Berlin, Vienne, Dresde, Francfort, Stuttgart, Carlsruhe, etc.

Appropriée à la scène française

PAR C. HOMBOURG

BIBLIOTHÈQUE IMPÉRIALE

PARIS

A. BOHNE ET SCHULTZ, ÉDITEURS

RUE DE RIVOLI, 170.

1856

Le droit de représentation est réservé.

PERSONNAGES :

Docteur HAGEN, homme de lettres.
MATHILDE, sa femme.
Baron WALLBECK.
RAMSDORF.
ADELGONDE de DELMENHORST.
FRIEDHEIM, inspecteur des prisons.
HERMINE, sa fille.
GUNTHER, vieux domestique de Wallbeck.
Un concierge de la prison.
Un agent.

LA PRISON

ACTE PREMIER

Une chambre de l'appartement de Wallbeck ; elle est richement
meublée.

SCÈNE PREMIÈRE.

GUNTHER. (*Il apporte le café sur un plateau, sur lequel se trouve aussi une lettre. Il place le plateau sur une
table qui est à gauche et prend la lettre dont il regarde
l'adresse.*) En voilà une de notre régisseur, — mais elle
ne contient rien. — Hélas !. le temps des lettres char-
gées a disparu ; — après les sept années grasses sont ve-
nues les sept années maigres. — (*Il replace la lettre sur
le plateau.*) Si sa bonne mère défunte le savait ! un si
beau bien, une si belle fortune !... S'il continue, il n'en
restera bientôt plus rien.

SCÈNE II.

GUNTHER, WALLBECK. (*Ce dernier est à gauche, en
vêtement du matin, en large pantalon bleu, des pan-
toufles rouges, une robe de chambre turque, un fez,
cigare à la bouche.*)

WALLBECK (*d'un ton cordial.*) Bonjour vieux. (*Il va
regarder à la fenêtre.*)

1.

Gunther. Bonjour, monsieur le baron.

Wallbeck. Quel temps fait-il aujourd'hui ?

Gunther. Passable !

Wallbeck. Dehors, sans doute ; — mais chez toi, mon vieux, il me semble que le ciel est couvert. (*Il se dirige vers la table où se trouve le plateau, et en passant frappe sur l'épaule à Gunther.*) Qu'as-tu donc ?

Gunther, Moi ? Rien.

Wallbeck. (*Il s'assied et déjeune en riant.*) Cependant le baromètre de ton humeur paraît bien bas. Pourquoi donc ?

Gunther (*avec un léger ton de reproche.*) Il était quatre heures lorsque vous êtes rentré ce matin.

Wallbeck (*avec bonté.*) Et tu m'as attendu, — et tu en es pour ton sommeil ? — Vois-tu, Gunther, cela me chicane ; mais pourquoi es-tu si entêté et ne fais-tu pas veiller Franz ?

Gunther. Ce n'est pas de moi dont il s'agit, mais de vous, de votre santé : une vie aussi déréglée...

Wallbeck. Ne t'en inquiète pas, mon vieux, tu vois bien, je suis frais et dispos, bien que j'aie passé maintes nuits sans dormir et que j'aie cassé le cou à bon nombre de bouteilles, peut-être plus qu'il n'aurait fallu.

Gunther. Mais les suites, — lorsque les années viendront...

Wallbeck. Bah ! Que m'importe, si j'ai joui de la vie, que la mort vienne quelques années plus tôt ! Ne pas jouir, ce n'est pas vivre ! Maintenant le feu de la jeunesse me court dans les veines ; — il s'éteindra bientôt et ce sera pour toujours ! Cela doit être bien triste, lorsqu'en jetant un regard en arrière sur ses belles années, on s'aperçoit que l'on n'en a pas profité. — C'est une expérience que je ne veux pas faire ! Console-toi, j'ai le temps de devenir raisonnable.

GUNTHER (*à part.*) Avoir le temps, c'est bien souvent arriver trop tard.

WALLBECK. Quelle est cette lettre ? Du régisseur, — et pas chargée encore ? — (*Il l'ouvre et lit.*)

GUNTHER (*à part.*) Si cela ne le calme pas...

WALLBECK. (*Il se lève vivement.*) Diable ! Tu m'as servi un bien mauvais déjeuner, mon vieux !

GUNTHER. Je m'en doutais.

WALLBECK. Si tôt ! — C'est bien dur ! Tiens, lis, Gunther ; tu dois savoir où nous en sommes ! (*Il se promène la tête dans les mains.*)

GUNTHER (*à part. Il lit.*) « Il ne faut plus rien espé-
» rer du procès relatif au bien de Friedau. — Reste
» seulement la terre patrimoniale de Wallbeck ; — mais
» elle est tellement hypothéquée, qu'on ne peut pas la
» conserver. — Il s'offre dans ce moment une occasion
» favorable pour traiter de gré à gré ; cela pourrait con-
» venir, parce que, les dettes payées, il resterait quel-
» ques milliers de thalers ; au contraire, tout est perdu
» si elle est vendue en justice. »

WALLBECK (*se plaçant devant lui.*) Maintenant ?

GUNTHER. (*Il hausse les épaules.*)

WALLBECK. Parle donc !

GUNTHER. Que dois-je dire ?

WALLBECK. Fais-moi des reproches, gronde-moi comme tu le faisais quand j'étais un enfant; je l'ai bien mérité!

GUNTHER. A quoi cela servirait-il?

WALLBECK. Cela soulage le cœur! Dis-moi que j'étais un insensé; que je n'ai pris aucun soin de ma fortune; que je l'ai gaspillée... — Parle donc, donne-toi cette satisfaction, tu en as le droit!

GUNTHER. Je vous ai cependant averti bien souvent!

WALLBECK. Sans doute, — ce ne sont pas les conseils qui m'ont manqué; — si je t'avais écouté, — si je n'avais pas fait de folles dépenses, — j'avais assez pour vivre largement. — Je n'aurais jamais cru que cela vint si tôt. Lorsque mon régisseur m'avertissait, — je le traitais d'avare; je croyais que c'était parce qu'il ne voulait plus m'avancer d'argent... Que j'ai été fou de n'avoir jamais su réfléchir, — de n'avoir jamais su compter!

GUNTHER. Mon pauvre maître!

WALLBECK. J'ai agi comme un imbécile! C'est vrai; — mais il faut trouver une issue! Que faut-il faire? Conseille-moi. Faut-il me brûler la cervelle?

GUNTHER. Grand Dieu!

WALLBECK. D'autres l'ont fait dans ma position; — après une vie de jouissance, une mort rapide, — c'est ce qui convient; — mais c'est une lâcheté!

GUNTHER. Et une chose impie.

WALLBECK. Quelle ressource me reste-t-il? Si je vends mon bien, il me reste quelques milliers d'écus: Eh bien! j'étudierai, j'entrerai dans les fonctions publiques.

GUNTHER. C'est le ciel qui vous inspire ; — tout sera bien alors !

WALLBECK (*réfléchissant.*) Je pourrai encore arriver à quelque chose ! Mais il faut pour cela du courage, de la persévérance, et en ai-je encore ?

GUNTHER. Sans doute monsieur ! Sans doute, c'est cela, ça marchera.

WALLBECK (*il le regarde fixement*) Je ne le pense pas, mon pauvre vieux. Lorsqu'on a vécu comme j'ai vécu, le travail est bien difficile ; je crains bien de ne pas avoir la force nécessaire !

GUNTHER. Que faire alors ?

WALLBECK. J'ai encore un autre moyen, pourquoi ne pas essayer ? — Qu'ai-je à risquer ?

GUNTHER. Lequel ?

WALLBECK. Mon cousin Delmenhorst n'est-il pas mort il y a trois mois ? Ne m'a-t-il pas institué son héritier ?

GUNTHER. Mais la condition !

WALLBECK. Je dois épouser sa nièce, et voilà tout ! Tant que j'étais riche, — je rejettai bien loin l'idée de m'enchaîner pour un héritage ; mais maintenant cela n'est plus la même chose.

GUNTHER. Mais vous disiez vous-même...

WALLBECK. Que la nièce est une vieille fille, — qu'elle est acariâtre. — Écoute, Gunther, je me suis peut-être trompé. Mlle Adelgonde a quelques années de plus que moi ; mais enfin, je suis sûr qu'elle n'a pas encore trente ans ; je ne la connais pas, je l'ai à peine vue une f ois, quand je n'étais qu'un enfant. Je sais seulement qu'elle est chanoinesse, et, il me semblait qu'elle ne devait être entourée que de carlins, de chats et de perroquets. Mais peut-être en est-il pas ainsi? *(avec effort)* — d'un côté, des chaînes, — une femme vieille, — un mariage malheureux ; — mais, d'un autre, — les privations, — la misère... — Que dit donc le testament?

GUNTHER. Le testateur exige un mariage entre vous et sa nièce. Si vous n'y consentez pas, vous ne devez rien avoir ; mais si c'est la demoiselle qui vous refuse, elle doit vous donner la moitié de l'héritage.

WALLBECK. C'est bien cela. Ecoute, l'héritage est important, il me reste toujours un moyen, je ne risque rien à voir la demoiselle. Je dois le faire, ne serait-ce que par convenance, et, si elle n'est pas trop repoussante, Gunther, qui sait, elle sera peut-être une bonne femme.

GUNTHER. Je crois aussi que vous devez voir la demoiselle ; le testament le dit.

WALLBECK. C'est exact, — je m'en rappelle. Le seize du mois de juillet nous devons nous trouver tous les deux au vieux château de Wallbeck, afin de faire connaissance. — J'irai, Gunther, je visiterai les biens que je n'ai pas vus depuis l'âge de dix ans, je mettrai ordre à mes affaires, et je verrai la chanoinesse.

GUNTHER. C'est cela, c'est cela, monsieur le baron !

WALLBECK. C'est aujourd'hui le 10 ; prépare tout pour mon départ.

GUNTHER. Bien, bien !

WALLBECK. Maintenant, au diable les soucis ! Je ne

veux plus en aucune manière me désespérer. — Il en
sera ce qu'il pourra. — Je sens que je suis fort ! — On
frappe, enlève le déjeuner et vois qui est là.

GUNTHER. (*Il va à la porte et ouvre.*) M. le docteur
Hagen.

SCÈNE III.

LES MÊMES. LE DOCTEUR HAGEN, GUNTHER.
(*Ce dernier s'éloigne.*)

WALLBECK (*vivement.*) Entrez, entrez. (*Il s'avance vers
lui.*) Vous me permettez, n'est-ce pas, de vous recevoir
en robe de chambre ; nous ne faisons aucune cérémonie.

HAGEN. (*Il est habillé sans élégance ; il porte une casquette, une grosse canne, et tient son cigare à la
bouche ; il a de l'étudiant ; il est sans façon, mais sa
manière d'être n'est pas inconvenante.*) Sans doute. Bonjour, monsieur le baron. Pourquoi faire des cérémonies ?
je fume bien mon cigare.

WALLBECK. (*Il lui donne la main.*) Soyez le bienvenu !
déposez votre canne, asseyez-vous. (*Il s'assied.*)

HAGEN. Je ne veux pas vous déranger pour longtemps,
cher baron, je viens seulement vous demander un service.

WALLBECK. Un service ! De quoi s'agit-il ?

HAGEN. Vous savez que je m'occupe spécialement de
travaux historiques. J'ai maintenant un grand travail
sur le chantier ; mon ouvrage a pour titre : « *Du déve-
loppement de la souveraineté au quinzième siècle.* »

WALLBECK. Je sais, vous m'en avez déjà parlé.

HAGEN. Mais il me manque quelques documents manuscrits que je ne peux trouver dans aucune bibliothèque. Je sais qu'ils existent, mais oú se trouvent-ils ?
Je ne puis cependant pas m'en passer.

WALLBECK. Cher docteur, si vous comptez sur moi
pour la découverte de vos vieux manuscrits, vous êtes
mal tombé.

HAGEN. Pas tant que vous le supposez. Dans le courant du seizième siècle, une grande réunion de la no-
blesse a eu lieu dans votre château de Wallbeck. Cette
réunion avait précisément pour objet la chose qui m'occupe. Je sais, d'une manière certaine, que les documents en question existaient à cette époque et j'ai
pensé qu'ils devaient se trouver dans vos archives de
famille, où sans doute ils sont restés enfouis. Vous
avez, n'est-ce pas, des archives dans votre château de
Wallbeck ?

WALLBECK. Sans doute.

HAGEN. Vous voyez, combien vous pouvez m'être
utile. J'ai ici la note des pièces qu'il me faut. Il s'agit
de faire faire des recherches, et si on trouve ces documents, et que vous vouliez me les confier, vous pourrez
vous vanter de m'avoir rendu un grand service, non-seu-
lement à moi, mais encore à la science.

WALLBECK. (*Il se lève et lui prend le papier qu'il
tient à la main.*) Très-volontiers, cher docteur. Cela
tombe bien : je vais justement partir pour Wallbeck d'ici
quelques jours, et je ferai moi-même ces recherches.

HAGEN. (*Il reste assis, jette par la fenêtre son*

cigare, en prend un autre et l'allume avec une allu-
mette qu'il tire de sa poche et qu'il frotte sur sa manche.)
Voyez, il s'agit dans ces documents de la reconnaissance
de certains droits, particulièrement des *jura...*

WALLBECK *(toujours riant.)* Assez, assez, je n'entends
rien dans vos affaires d'érudition.

HAGEN *(le regardant.)* Vous avez raison, vous n'y entendez rien. *(Il se lève et prend sa canne qu'il brandit.)*
Je ne veux pas vous déranger plus longtemps ; de plus,
j'ai encore à faire. *(Il lui tend la main en s'en allant.)*
Revenez en bonne santé, et envoyez-moi les pièces, je
vous les rendrai en bon état. *(Il se heurte en sortant*
contre Ramsdorf qui entre.) Holà ! est-ce que je vous ai
heurté ?

SCÈNE IV.

LES MÊMES, RAMSDORF.

RAMSDORF. Voilà ce que c'est que d'aller à reculons...
on se heurte toujours.

HAGEN *(riant.)* C'est un malheur qui m'arrive à
chaque instant. — Je ne peux pas sortir d'une porte sans
me cogner ou m'accrocher... Messieurs, je vous salue.
(Il s'en va.)

RAMSDORF. *(Il s'avance lentement, parle d'une ma-*
nière brève, sérieuse et sèche.) Encore en toilette du matin ?

WALLBECK. Je viens seulement de me lever.

RAMSDORF. Il est cependant onze heures.

WALLBECK. Avez-vous été plus matinal ? Il était quatre
heures lorsque nous nous sommes séparés.

2

RAMSDORF. Je ne dors pas beaucoup.

WALLBECK. Asseyez-vous.

RAMSDORF. C'est inutile. Je venais seulement vous demander un service.

WALLBEBK. J'en ai aussi un à vous demander. Alors donnant, donnant.

RAMSDORF. Voyons.

WALLBECK. Commencez.

RAMSDORF. Avez-vous de l'argent ?

WALLBECK. Hum !

RAMSDORF. J'entends de l'argent dont vous n'avez pas besoin pour le moment.

WALLBECK. Tout au plus, mais pourquoi ?

RAMSDORF. Une lettre de change m'arrive, et je ne suis pas en mesure.

WALLBECK. Vous avez cependant gagné hier beaucoup.

RAMSDORF. Pas assez. On me menace de la prison.

WALLBECK. Pour le moment, mon bon, je suis désolé ; mais dans une quinzaine je serai à votre disposition.

RAMSDORF. Merci. J'espère qu'à cette époque je serai en état de pouvoir payer. Mais en quoi puis-je vous servir ?

WALLBECK (*en riant.*) Avec une partie d'échecs.

RAMSDORF. Comment ?

WALLBECK. Vous connaissez sans doute la jeune femme du docteur Hagen ?

RAMSDORF. Du docteur Hagen qui vient de sortir ?

WALLBECK. Oui.

RAMSDORF. Maintenant ?

WALLBECK. Une petite femme délicieuse. Depuis plusieurs mois j'ai jeté les yeux sur elle ; mais jusqu'à présent il m'a été impossible de ne pas être dérangé chaque fois que je me suis trouvé avec elle.

RAMSDORF (*faisant un signe de tête.*) Continuez !

WALLBECK. Je dois faire un voyage d'ici à quelques jours. Je ne sais pas si, lorsque je serai revenu, j'aurai encore du goût pour de telles aventures ; c'est pourquoi je voudrais, avant de partir, me trouver avec la charmante Mathilde, sans être exposé à être dérangé. C'est en cela que vous pouvez m'être utile.

RAMSDORF. Moi ?

WALLBECK. Hagen se promène régulièrement tous les soirs, à six heures, sur la route d'Helldorf et rentre à huit heures ; — il s'agit de le retenir.

RAMSDORF. Et que dois-je faire ?

WALLBECK. Rien n'est plus facile. Hagen en revenant s'arrête régulièrement pour prendre un verre de vin à l'auberge de l'*Arbre-Vert*, qui est à trois quarts de lieue de la ville. Si vous voulez vous y trouver aujourd'hui et lui proposer une partie d'échecs, il y restera aussi longtemps que vous voudrez jouer avec lui, — serait-ce toute la nuit. Pendant ce temps-là, j'aurai beau jeu près de la petite femme. Voulez-vous me faire ce plaisir ?

RAMSDORF. Non.

WALLBECK. Vous ne voulez pas ?

RAMSDORF. Hagen est un homme d'honneur, et je ne veux pas aider à le tromper.

WALLBECK. Pourquoi ces scrupules ? Ce livre incarné

n'apprécie nullement le trésor qu'il possède ; est-ce qu'il
se doute seulement de la manière dont il doit se conduire ; il n'a pas la moindre idée des exigences d'une
jeune femme ! Le tabac, les livres et les échecs, voilà
ses passions ; quant à sa femme, il ne s'en occupe guère.

RAMSDORF. Je sais cependant qu'il l'aime.

WALLBECK. A sa manière, sans doute ; mais sa manière n'a rien qui puisse satisfaire une jeune femme.
Celui qui ne sait pas rendre la vie agréable à sa femme,
qui la néglige, qui lui préfère ses livres, ne doit pas se
plaindre si d'autres s'en occupent et l'amusent ; il n'a
que ce qu'il mérite.

RAMSDORF. Mais la jeune femme est honnête, ce serait dommage si elle se perdait.

WALLBECK. Mon cher, j'en accepte la responsabilité.
D'ailleurs, quant à son honnêteté, ce n'est pas pour moi
une chose très-claire.

RAMSDORF. Comment ?

WALLBECK. Entre nous — il n'y a pas bien longtemps
qu'elle m'a prié de lui prêter de l'argent.

RAMSDORF. De l'argent ?

WALLBECK. Et pourquoi de l'argent ? si ce n'est pour
des dépenses que son mari ne doit pas connaître. Sa vertu
commence donc à chanceler ; car pour une femme, avoir
des secrets pour son mari ;—contracter vis-à-vis d'un jeune
homme comme moi de pareilles obligations, n'est-ce pas
faire les premiers pas ? n'est-ce pas déjà se livrer à demi ?

RAMSDORF (à part). Elle aussi ? Enfin elle est femme.
(Haut). S'il en est ainsi....

WALLBECK. Vous consentez donc ?

RAMSDORF. Pourquoi pas ? Je jouerai avec plaisir aux échecs avec Hagen; il joue parfaitement. Je l'occuperai jusqu'à dix heures. (*Il s'en va*). Et après ?

WALLBECK. Vous me trouverez chez Tromboni. Il vient de recevoir du champagne nouveau.

RAMSDORF. Qui tiendra la banque ?

WALLBECK. L'Italien !

RAMSDORF. Bien ! au revoir. (*Il sort.*)

WALLBECK (*seul*). Cela réussira ! Au moment de m'engager dans les liens du mariage, moi, le plus grand viveur de la ville, je veux que ton image, belle Mathilde, soit le dernier et le plus doux souvenir de ma vie de garçon. Et Ramsdorf qui a des scrupules ! — cela me fait rire ! Est bien fou celui qui ne sait pas cueillir la fleur qu'il trouve sur son chemin. (*Il sort en chantant*).

CHANGEMENT DE DÉCORATION.

Une chambre chez Hagen. La porte du milieu, qui conduit dans un jardin, est ouverte. A droite et à gauche, des portes de côté.

SCÈNE PREMIÈRE.

HAGEN, MATHILDE.

HAGEN (*à gauche; il est en redingote et en casquette; il appelle*). Mathilde ! Quinze jours, c'est pénible ! enfin je dois les supporter.

MATHILDE. (*Elle entre par la droite.*) Tu m'appelles, Bruno ?

2.

HAGEN. Oui, mon enfant, il faut que je m'en aille. As-tu mis du linge avec mes livres ?

MATHILDE. J'ai eu soin de tout.

HAGEN. J'ai tardé aussi longtemps que cela m'a été possible. Il n'y a plus à reculer ; tiens, lis, je viens de recevoir une lettre du tribunal.

MATHILDE. (*prend et lit*). « Le délai qui vous a été » accordé pour faire les quinze jours de prison auxquels » vous avez été condamné expire aujourd'hui. Nous » vous rappelons que vous devez être rendu en prison » ce soir, au coucher du soleil ; dans le cas contraire, » on procédera à votre arrestation. »

HAGEN. Monsieur le président est bien pressé. Ha ! c'est que le professeur Kisling, qui m'a fait condamner pour injures, est son beau-frère. Soyez tranquilles, messieurs, je ne veux pas vous échapper : je suis déjà en route pour me rendre en prison.

MATHILDE. Mon pauvre ami ! si je pouvais être seulement près de toi !

HAGEN. Ne t'inquiètes pas, j'ai mes livres, je mettrai la dernière main à mes extraits du grand Thesaurus ; je travaillerai ferme, et les quinze jours se passeront sans que je m'en aperçoive.

MATHILDE. Mais si tu es absorbé par ton travail — penseras-tu seulement une fois à moi ?

HAGEN (*froidement*). Certainement, mon amie, certainement !

MATHILDE. M'écriras-tu au moins ?

HAGEN. Tu sais combien cela m'ennuie d'écrire des

lettres, et une fois plongé dans mon travail, je n'en aurai pas le temps.

MATHILDE. Pourrai-je au moins te visiter une fois?

HAGEN. — Non! On le verrait, on apprendrait que je suis là; on se moquerait de moi.—Je désire que cette affaire fasse aussi peu de bruit que possible. Je ne veux pas que le professeur Kissling ait la joie de me voir moqué par toute la ville. Promets-moi de n'en parler à personne; si on te demande où je suis — dis que je suis en voyage.

MATHILDE. Comme tu voudras, Bruno. Mais au moins je t'écrirai?

HAGEN. Certainement, mon amie, tes lettres me feront plaisir. Et maintenant, adieu! Je vais faire ma promenade, et, à la brune, j'irai en prison, Envoie-moi ce soir mes livres et mes effets. Qu'as-tu donc; tes yeux sont remplis de larmes?

MATHILDE. Mais — au moment de se séparer....

HAGEN (*riant*). Ce n'est que pour quinze jours! Ne sois pas une enfant! Je serai à l'abri derrière des murs solides, et on aura soin que rien ne puisse m'arriver. Adieu. (*Il s'en va.*)

MATHILDE. Bruno !

HAGEN (*il s'arrête*). Hum?

MATHILDE. Hier, j'ai rencontré au parc une de mes amies que j'ai connue en pension, je l'ai priée de venir me voir — tu ne t'y opposes pas — n'est-ce pas ?

HAGEN. Pourquoi m'y opposerai-je ? Reçois autant de visites que tu voudras ! Maintenant, adieu ! (*Il s'en va et revient sur ses pas*). Hum! pourrais-tu me donner un baiser pour m'aider à faire la route?

MATHILDE (*en se jetant à son cou avec tendresse*). Cette idée t'est donc venue? Je m'imaginais déjà que tu pourrais partir sans m'embrasser. — Cela m'aurait fait bien de la peine.

HAGEN. Tu es une petite folle! Est-ce que l'amour consiste dans toutes ces caresses? Tu sais que cela n'est pas mon genre. Adieu Mathilde (*il l'embrasse et s'en va*) ; *sur le seuil de la porte*. Au revoir, dans quinze jours. (*Il sort par le jardin*).

MATHILDE. Adieu! Bonne chance! (*Elle lui fait des signes avec son mouchoir de poche*). Pense bien à moi! (*Seule*). Le fera-t-il? Je ne le pense pas! Lorsqu'il est enseveli dans le travail, il n'a plus d'autres idées. Et cependant — lorsqu'il mangera seul, lorsque, aux heures où il est habitué de me voir, il se trouvera seul — il sera bien forcé de penser à moi! (*Avec abattement*). Mais ce sera alors par habitude et non par amour, non pas parce que son cœur l'entraîne vers moi! Ah! les hommes sont terribles! — Leurs affaires d'abord — l'amour ne vient qu'après! — On frappe — mais non, — Entrez!

SCÈNE II.

MATHILDE, HERMINE.

MATHILDE. Hermine! (*Elle va vivement à sa rencontre, elle la ramène, et la débarrasse avec empressement de son chapeau et de son châle.*)

HERMINE. Tu vois, j'ai bien trouvé ta demeure !

MATHILDE. Comme cela est aimable de ta part d'avoir tenu ta parole ; sois la bienvenue ! Il y a cependant trois ans que je n'ai pas eu de tes nouvelles. Lorsque je t'ai rencontrée hier au parc, tous mes joyeux souvenirs de jeunesse se sont réveillés en moi ; j'ai revu en un instant tous ces beaux jours où nous étions jeunes filles. Oh ! comme cela me fit plaisir : cependant, cela me rendit triste en même temps.

(*Pendant qu'elle parle, elle le conduit au sofa, la fait asseoir et s'assied près d'elle ; elle lui prend la main.*)

HERMINE. (*Ses vêtements sont simples et modestes ; cependant ils ne dénotent pas la gêne.*) Ma bonne Mathilde, tu n'es pas changée, toujours le même bon cœur, toujours la même vivacité. — Oh ! comme je suis contente de t'avoir rencontrée hier.

MATHILDE. Nous étions à la pension les deux amies intimes ; les autres se sont bien souvent moquées de nous !

HERMINE. Eh bien ! tu es heureuse, je l'espère ?

MATHILDE. Oui, oui, je suis heureuse.

HERMINE. Regarde-moi bien — est-ce que ce oui ne part pas du cœur ?

MATHILDE. Mais si, Hermine, mais si ! A quoi donc penses-tu ?

HERMINE. Je te connais, — il te manque quelque chose, — il y a quelque chose qui te fait de la peine !

MATHILDE (*en soupirant légèrement*). Mais non.

HERMINE. Tu es mariée ?

MATHILDE. Depuis dix-huit mois! Je ne puis pas te présenter mon mari aujourd'hui... il est en voyage et ne revient que dans quinze jours !

HERMINE. Tu es heureuse, n'est-ce pas, dans ton ménage ?

MATAILDE. Beaucoup ! Mon mari est noble et bon; il a une grande instruction et il est estimé de tout le monde !

HERMINE. Comme tu dis cela froidement.

MATHILDE. Peux-tu parler ainsi ?

HERMINE. Tu sais bien que j'"ai toujours su lire dans ton cœur. Cependant je ne veux pas forcer ta confiance, je ne veux pas, malgré toi, pénétrer dans ta vie.

MATHILDE. Mais, Hermine, tu es dans l'erreur ! sans doute je pense quelquefois que mon mari pourrait être un peu plus aimable, — mais non — ce n'est pas cela — plus tendre — mais non, non, — qu'il pourrait s'occuper un peu plus de moi. C'est un savant, un auteur, il ne vit que pour ses travaux, et il me semble quelquefois que je n'occupe que la seconde place dans son cœur. Je désirerais être pour lui quelque chose de plus. — Je voudrais être tout, enfin!

HERMINE. Est-ce qu'il te néglige ?

MATHILDE. Non, non, il est bon, aimant ; mais il n'est pas encore ce que je voudrais. Moi, je ne pense qu'à lui, je ne m'occupe que de lui et lui, s'il pense à moi, il pense en même temps à trop d'autres choses : (vivement) il paraît que tous les hommes sont les mêmes. Lorsque j'y réfléchis parfois, cela me rend triste ; — mais cela se passe vite.

HERMINE (*en riant*). Les femmes qui n'ont pas plus à se plaindre que toi ne sont pas bien malheureuses.

MATHILDE. Certainement! aussi je ne me plains pas. (*Riant.*) Seulement je suis jalouse quelquefois des gros livres de mon mari.

HERMINE (*la regarde fixement*). Il y a donc autre chose qui t'attriste?

MATHILDE. Pourquoi dis-tu cela?

HERMINE. Lorsque nous étions hier dans le parc, je te vis saluer quelqu'un et devenir tout à coup embarrassée; il y avait sur ton visage comme un nuage de tristesse! — Je me retournai et j'aperçus un cavalier, seulement c'était au moment où il entrait dans une autre allée, et je ne pus voir que son dos.

MATHILDE (*faiblement*). C'était le baron Wallbeck.

HERMINE. Tu rougis maintenant! Vois-tu, il y a une ombre sur ta vie. C'est cette connaissance qui te trouble.

MATHILDE. Tu observes aussi bien qu'anciennement, car, tu te rappelles, nous t'appelions la DEVINERESSE DES COEURS. Oui, tu as raison, la vue de ce jeune homme m'est pénible.

HERMINE. Puis-je savoir pourquoi?

MATHILDE. Tu vas le savoir, car ce secret me pèse, je ne veux plus être seule à le porter. Ecoute! J'ai un frère qui est bien loin de ressembler à mon bon père. Il est débauché, prodigue; il n'a pas de tête et il se met parfois dans de cruels embarras. Déjà plusieurs fois mon mari est venu à son secours. Il y a quelque temps mon frère vint me trouver secrètement, il se trouvait dans une position terrible : il avait joué avec de l'argent qui ne lui appartenait pas; il était menacé de la prison: le déshonneur l'attendait. Il m'adjura de le sauver pour la dernière fois. Il me promit qu'il irait en Amérique, qu'il y changerait de vie, et qu'à jamais il ne serait plus à ma charge; mais il s'agissait d'une somme considérable, et je ne pouvais imposer à mon pauvre mari un nouveau sacrifice, car il vit de son travail. Dans mon anxiété et poussée par le désespoir, je commis l'imprudence de m'adresser à ce jeune baron de Wallbeck, qui est très-riche et qui parfois vient rendre visite à mon mari, et je le priai de venir à mon aide. Je ne pouvais pas lui dire à quel emploi je destinais cet argent, je ne voulais pas déshonorer mon frère. Bref! il vint à mon aide; il me donna la somme que je lui demandais, — mon frère fut sauvé et il est maintenant en Amérique. (*Elle s'arrête.*)

HERMINE. Maintenant... continue ?

MATHILDE (*avec honte*). Depuis cette époque, Wallbeck changea entièrement sa manière d'être envers moi. Il avait d'abord été modeste, parfaitement convenable, plein de retenue; il est maintenant familier; la manière dont il me regarde m'effraye, elle me donne comme le pressentiment d'un danger que je dois redouter. Ah! Hermine, quelle triste chose d'avoir un secret avec un jeune homme, d'être son obligée et de craindre à chaque instant d'être forcée de le renvoyer. J'évite d'être seule avec lui, et maintenant que mon mari est parti, je crains sa visite comme je craindrais le contact d'un serpent. Comprends-tu maintenant pourquoi hier, quand je le vis, un nuage passa sur mon front.

HERMINE. Je comprends ta position, ma pauvre Mathilde, — je prends part à ta peine.

MATHILDE (*résignée*). En voilà assez ; n'en parlons plus ! Mais vois comme c'est mal, je ne parle que de moi, et je ne te demande pas ce que tu fais ! Dis-moi, comment es-tu venue dans cette ville ; quelle est ta position ?

HERMINE (*en riant*). Modeste, très-modeste, trop modeste peut-être, si je la compare à la tienne !

MATHILDE. Que veux-tu dire par là ?

HERMINE. Je te mettrai au courant en peu de mots. Le sort ne m'a pas fait naître dans les rangs élevés de la société ; mon père était soldat : les services qu'il a rendus pendant la guerre lui valurent le grade d'officier ; mais il était et resta un officier pauvre. Lorsqu'il n'était encore que sous-officier, il eut le bonheur de sauver la vie à son général ; on lui en eut de la reconnaissance, et on la lui témoigna par les soins que l'on prit de son enfant, c'est-à-dire, de moi ; la fille du général était ma marraine, et comme ma mère mourut de bonne heure, la famille du général s'occupa de mon éducation. C'est ainsi que je vins dans la pension où nous fîmes connaissance, où, sans cela, la fille d'un pauvre lieutenant n'aurait pu avoir une place. Le général et sa femme sont morts sans laisser de fortune ; leur fille unique, ma marraine, est maintenant chanoinesse. Sa protection m'ouvrait de belles perspectives ; mais je ne pouvais accepter les of-

3

fres qui m'étaient faites. Sur ces entrefaites, mon père a quitté le service et est devenu inspecteur de la prison. Il est vieux, il est seul au monde et désire que je reste près de lui. Naturellement j'ai dû consentir à ses désirs, et je suis dans cette ville depuis quelques jours.

MATHILDE. Et tu as renoncé à la société, à ses plaisirs, afin d'égayer les jours d'un vieillard. C'est un grand sacrifice que tu as fait à ton dévouement filial.

HERMINE (*Elle se lève*). Sacrifice ! Je fis mon devoir, et je le fis avec plaisir. A la vérité, jusqu'à présent j'avais peu vu mon père ; cependant nous nous accordons très-bien. Il est quelquefois bizarre, grondeur ; mais c'est un homme d'honneur.

MATHILDE. (*Elle se lève.*) Eh bien, lorsque ton père te rendra triste, tu viendras vers moi pour t'égayer ; tu me visiteras souvent, n'est-ce pas, bien souvent ?

HERMINE. (*Elle prend son châle et son chapeau.*) Certainement, tu sais combien j'ai de plaisir à te voir.

MATHILDE. Tu veux déjà t'en aller, et pourquoi donc ?

HERMINE. Il commence à faire sombre et je demeure loin. Combien je regrette de ne pouvoir te prier de venir toi-même aussi me voir.

MATHILDE. Et pourquoi donc ?

HERMINE. Le logement de mon père est dans la cour de la prison, et tu n'aimerais pas sans doute à y venir.

MATHILDE. Mais si, mais si, sûrement ; — j'irai un jour te voir, — mais pas avant que mon mari soit de retour.

HERMINE. Adieu.

MATHILDE (*l'accompagne, et en marchant*). Si tu connaissais mieux la ville, je t'indiquerais un autre chemin;
notre maison a deux issues, et en sortant par le jardin,
tu aurais moins de chemin à faire. (*L'obscurité devient
de plus en plus grande.*)

SCÈNE III.

WALLBECK.

WALLBECK (*Il entre par le jardin; il regarde autour de
lui avec précaution.*) Mon calcul était juste. — Hagen
laisse la porte de son jardin ouverte jusqu'à ce qu'il
rentre de sa promenade. — Aussi j'ai pu pénétrer par
derrière, et je n'ai pas eu besoin de passer par la rue.
Personne ne m'a vu; par conséquent, il n'y a pas de
trahison, de mauvaises langues à craindre. On peut se
fier à Ramsdorf : il tient exactement sa parole. Hagen est
occupé de ses échecs; je suis sûr de ne pas être dérangé
d'ici à quelques heures. Mais où est ma douce colombe?
Est-ce que par hasard elle serait?... Mais non. — J'entends des pas; — ce doit être elle. (*Il commence à
faire sombre.*)

SCÈNE IV.

WALLBECK, MATHILDE.

WALLBECK. (*Il s'avance vers elle.*) Femme adorable!
MATHILDE (*effrayée*). Wallbeck! (*Elle cherche à se remettre.*) Monsieur le baron de Wallbeck!

WALLBECK (*tendrement*). Qu'avez-vous ? Vous êtes effrayée.

MATHILDE (*troublée*). Votre aspect inattendu. (*Elle place en tremblant la lumière sur la table.*)

WALLBECK. Vous tremblez. (*Il la conduit au sofa.*) Asseyez-vous, remettez-vous !

MATHILDE. Je n'aurais jamais supposé que si tard, — mon mari n'est pas à la maison, — il est en voyage.

WALLBECK. (*Il s'assied près d'elle.*) Ne dois-je pas considérer cela comme un bonheur ?

MATHILDE. Monsieur de Wallbeck.

WALLBECK. Un instant passé près d'une femme charmante est une faveur de la destinée ; croyez que je sais l'apprécier.

MATHILDE (*toujours dans un embarras plus grand.*) Je ne sais pas trop...

WALLBECK. Croyez-le bien, ce bonheur que je dois maintenant à un hasard heureux, il y a longtemps que je le désire, il y a longtemps que je souhaite trouver l'occasion de pouvoir vous parler, — mais ne l'avez-vous donc jamais deviné ?

MATHILDE. Je ne comprends pas.

WALLBECK. Vous ne comprenez pas ? Comment vous ne comprenez pas ? N'avez-vous donc pas lu dans mes yeux l'impression que vous avez faite sur mon cœur ?

MATHILDE. Monsieur le baron !

WALLBECK. Que votre image a pénétré profondément dans mon âme ?

MATHILDE. (*Elle se lève.*) Laissez-moi !

WALLBECK. (*Il la retient.*) Que je brûle du désir de me jeter à vos pieds, et de vous dire combien je vous aime ?

MATHILDE. (*Elle se débarasse de lui, va d'un autre coté, porte ses mains à son visage ; sa poitrine est agitée.*)

WALLBECK. Vous cachez vos traits charmants ; une adorable pudeur couvre de rougeur votre gracieux visage ; cependant je ne me suis pas trompé, votre cœur est bon, vous êtes aimante et vous ne repousserez pas avec dureté celui qui ne demande qu'à donner sa vie pour vous.

MATHILDE (*se retourne et le repousse d'une voix étouffée*). Je vous en prie, je vous le demande en grâce, allez-vous-en !

WALLBECK. Mais vous ne parlez pas sérieusement ! Qu'exigez-vous de moi ? L'ardeur qui m'embrase, c'est l'éclat céleste de vos yeux qui l'a allumée dans mon âme. Calmez ce feu qui me consume, que votre regard me dise au moins que vous exaucez mes prières.

MATHILDE. (*Elle ne peut parler, elle dit non par un signe de tête violent.*)

WALLBECK. Vous êtes jeune, belle, pleine d'attraits : les plus douces joies de la vie sont faites pour vous. Voulez-vous donc y renoncer ? Voulez-vous donc suivre cette illusion menteuse, car ce prétendu devoir pour un homme, qui ne se doute même pas du trésor de félicité qu'il possède, n'est qu'une illusion décevante. Voulez-vous sacrifier votre jeunesse à cet homme qui ne comprendra jamais le sacrifice que vous lui aurez fait.

3.

*(Il s'était jusqu'à présent tenu un peu éloigné d'elle ;
il se rapproche maintenant.)*

MATHILDE *(se recule d'un pas et se tourne vers lui ;
sa voix, qui est d'abord faible et étouffée par les larmes, s'affermit peu à peu.)* Pas un mot de plus, monsieur de Wallbeck ! Je viens de recevoir une cruelle
leçon, car il est cruel de s'être méprise comme je l'ai
fait. Je vous prenais pour un homme d'honneur, et,
pleine de confiance en vous, j'ai commis l'imprudence
de vous demander un service. J'en suis durement
punie. Je vous devais de la reconnaissance, et maintenant que vous me croyez en votre pouvoir à cause de
l'obligation que j'ai contractée vis-à-vis de vous, vous
jetez le masque, et vous osez me demander... — Oh ! il
m'est impossible de le dire ! Un homme d'honneur agit-
il ainsi ? — Vous pénétrez dans la maison d'un homme
que vous appelez votre ami, et vous n'avez pas honte
de faire à sa femme, à la femme de celui qui est
tout cœur, qui a l'âme d'un enfant et qui ne croirait jamais à ce que je suis forcée d'entendre, des proposi-
tions dont le vice rougirait lui-même. Mais vous vous êtes
trompé ! Votre projet infâme ne réussira jamais ; jamais
entendez-vous ! Vous m'avez insultée, vous m'avez hu-
miliée, vous m'avez fait mal ! Que le ciel vous le par-
donne ! Maintenant, sortez. Je ferai part à mon mari de
la dette que j'ai contractée près de vous, —il vous payera
et nous serons quitte. Je ne dois pas vous cacher que
otre impudence m'a étonnée, que j'en suis épouvantée.
Si les femmes que vous avez fréquentées vous ont habi-

tué à de pareilles insolences; si elles vous ont autorisé
à penser qu'il suffisait de parler pour arriver à accom-
plir partout vos honteux desseins, je les plains. Vous
n'avez jusqu'à présent connu que l'écume de notre sexe,
c'est pour cela que vous avez perdu la foi en une chose
qui existe cependant encore dans le monde, sachez-le
bien, M. de Wallbeck; vous avez perdu la foi en la vertu
des femmes? (*Elle fait quelques pas à gauche.*)

WALLBECK (*s'avance vers elle pour la calmer*).

MATHILDE (*se recule*). Vous retrouverez bien seul le
chemin pour sortir de cette maison, dans laquelle,
je l'espère, vous ne remettrez plus les pieds. (*Elle passe
devant lui et sort à gauche.*)

WALLBECK (*seul, à voix basse*). Me voilà maintenant
comme un écolier, moqué, bafoué? Mais je l'ai mérité
et elle a raison! C'est une femme de cœur. C'est la première fois que j'entends un pareil langage, c'est la première fois qu'une femme me résiste. C'est donc vrai
qu'il y a d'honnêtes femmes! Wallbeck! Wallbeck! Ce
qu'elle t'a dit est bien vrai : tu es à plaindre de n'avoir
connu jusqu'à présent que des femmes légères! Quelle
triste figure je faisais devant elle! Comme elle était belle
dans sa colère! Oui! oui! il y a encore de la vertu, et
cette leçon ne sera pas perdue. Mais, je lui dois une ré-
paration — il faut qu'à tout prix je regagne son estime.
Comment faire? Si j'allais de suite la trouver; — elle ne
m'écouterait pas, — Je lui écrirai : elle devra me pardonner et il faut qu'elle me promette de n'en pas parler
à son mari. — Diable! diable! ce que je ressens main-

tenant est fort désagréable. — Je me fais honte à moi-
même ; — mais silence, — qui vient là !

SCÈNE V.

WALLBECK, Un AGENT.
(Il entre par le jardin.)

WALLBECK. Qu'est-ce que c'est que ça ?

L'AGENT. Êtes-vous le docteur Hagen ?

WALLBECK. Moi? Oui, certainement *(A part)*. Que
dois-je dire ?

L'AGENT. J'ai l'ordre de procéder à votre arrestation.

WALLBECK. De procéder à mon arrestation? Moi !

L'AGENT. Vous le savez bien; vous avez été condamné à
la prison; vous ne vous êtes pas constitué de vous-même ;
c'était cependant aujourd'hui le dernier jour de délai.

WALLBECK. Oui, oui, je le sais bien.*(A part.)* Que dois-je
faire? Elle serait compromise — si l'on apprenait que
je suis ici, — à cette heure; — seul, — elle serait forcée
de tout dire à son mari.

L'AGENT. Je suis venu par le jardin; j'ai pensé que cela
vous serait plus agréable de venir avec moi en passant
par les ruelles, que de prendre par les grandes rues.

WALLBECK *(à part prenant son chapeau)*. J'ai déjà voulu
prendre la place de Hagen; — sa femme dit qu'il est
parti; — elle ne doit être compromise à aucun prix : —
ainsi il faut marcher. — Nous verrons ce qui en résul-
tera.

L'AGENT. Je pense que j'ai bien fait. Partons-nous ?

Wallbeck (*haut*). Vous avez très-bien fait ! Mais je ne vois pas qu'il soit nécessaire d'aller à pied : une voiture serait beaucoup plus commode. O siècle des lumières ! les serviteurs de la justice maintenant sont polis ; ils ne viennent plus avec la hallebarde et des menottes, et une bonne voiture nous conduit gaîment et doucement à la sombre prison. Venez-vous ! (*Il passe le premier, l'agent le suit.*)

ACTE DEUXIÈME

La cour d'une prison. Dans le fond, un mur élevé ; dans le milieu du mur se trouve un passage voûté qui donne issue sur le dehors. Ce passage se trouve fermé par une grande porte en bois, dans un des battants de laquelle se trouve une autre petite porte servant à la circulation ordinaire. Dans l'intérieur du passage, à droite, se trouve la porte qui donne entrée au logement du concierge. On voit à droite de la scène la prison avec des fenêtres grillées ; à gauche, se trouve la maison de Friedheim. Cette maison est d'un aspect agréable ; sur les fenêtres du rez-de-chaussée se trouvent placés des pots de fleurs. Ces maisons ne touchent pas au mur du fond, de sorte qu'il y a un passage entre elles et le mur. Un banc devant la maison de Friedheim.

SCÈNE PREMIÈRE.

HERMINE, FRIEDHEIM.

HERMINE (*est occupée à arroser des fleurs*).

FRIEDHEIM (*sortant de sa maison*). Tu t'occupes donc toujours de tes fleurs ?

HERMINE. Est-ce que ces fleurs, mon père, ne vous font aucun plaisir ?

FRIEDHEIM. Mais si — lorsque je les vois, je suis tout réjoui ; — mais tu t'en occupes continuellement, voilà ce que je ne comprends pas.

HERMINE. Ce n'est pas étonnant pour un vieux soldat ; mais, nous autres femmes, ne faut-il pas que nous donnions toujours nos soins à quelque chose. Cela fait tant de plaisir de voir croître les plantes. On voit d'abord le bourgeon se former, puis il se développe; enfin il donne naissance à la fleur.

FRIEDHEIM. Je comprends la joie que cela te donne, car cette habitation n'a rien de bien gai.

HERMINE. Que veux-tu dire par là, mon père ?

FRIEDHEIM. Mais oui ! La cour de cette triste prison n'est pas ce qu'il faut pour une jeune fille comme toi. — Tu as été élevée pour tout autre chose. N'as-tu pas eu des sociétés bien plus agréables que celle de ton vieux père, qui est bourru, qui ne sait rien que conduire un escadron, qui ne connaît rien à tes livres et ne peut apprécier tes talents ? D'ailleurs, tu me connais à peine.

HERMINE. Est-ce que tu n'es pas content que je sois ici, mon père ?

FRIEDHEIM. Comment peux-tu me le demander : — tu es l'unique joie que j'aie au monde.

HERMINE. Et crois-tu que cela ne me rends pas heureuse d'égayer ta vie et de répandre du charme sur ta solitude ?

FRIEDHEIM (secouant la tête). Tu es une bonne enfant ; mais je m'imagine toujours qu'ici il y a trop de choses qui te manquent.

HERMINE. (Elle lui met la main sur les épaules.) Ne dis pas cela, mon bon père, je ne manque de rien, et cela me fait de la peine de t'entendre parler ainsi.

FRIEDHEIM. C'est bon, mon enfant, c'est bon ; je ne t'en parlerai plus. As-tu vu hier ton amie ?

HERMINE. Oui.

FRIEDHEIM. Comment s'appelle-t-elle ?

HERMINE. Mathilde.

FRIEDHEIM. Bien ! elle est mariée sans doute ; comment s'appelle son mari ?

HERMINE. Réellement, mon père, je n'en sais rien, j'ai oublié de le lui demander. Nous autres, jeunes filles, nous ne nous appelons à la pension que par nos prénoms, et nous nous occupons peu du reste.

FRIEDHEIM. Mais comment as-tu trouvé sa demeure ?

HERMINE. Lorsque je l'ai rencontrée la première fois dans le parc, elle me donna son adresse. Il est probable qu'elle m'a dit le nom de son mari, mais je l'ai oublié.

FRIEDHEIM. Voilà ! C'est bien là les jeunes filles ! Maintenant, tu seras mieux à la maison, car je vais laisser sortir les prisonniers dans la cour.

HERMINE. Lesquels ?

FRIEDHEIM. Les prisonniers de peu d'importance, ceux qui sont ici seulement pour quelques jours et les prisonniers pour dettes.

HERMINE. Ainsi, pas de criminels ?

FRIEDHEIM. Tu sais bien qu'ils restent à l'intérieur, dans la troisième cour.

HERMINE. Je vais rentrer de suite, mon père !

FRIEDHEIM. C'est bien, mon enfant. (*Il rentre par la droite dans la maison.*)

HERMINE. (*Seule, elle prend un livre qui est sur le banc.*) Il me dit que je dois manquer de quelque chose. Est-ce vra ? Sans doute, mon père ne peut comprendre

4

tout ce qui se passe en moi. — Cependant, si je n'étais pas près de lui, combien la vie de ce pauvre vieillard serait triste et solitaire! Il est si doux de penser que l'on est nécessaire à la vie de quelqu'un, que toutes ses joies viennent de nous, que nous sommes tout pour lui. — Non, non, je ne manque de rien. — Mais voilà une petite rose qui laisse pencher sa tête, il faut que je la redresse. (*Elle replace le livre sur le banc et s'occupe de ses fleurs.*)

SCÈNE II.

HERMINE, WALLBECK. (*Il sort du bâtiment à droite.*)

Wallbeck. (*Il respire de toutes ses forces.*) Ah! enfin, je puis respirer; — comme ici l'air est pur et bon! Lorsqu'on lit les belles choses que les poètes disent de la liberté, on les tient pour exagérées; mais quand on est en prison et qu'en sortant on voit le bel azur du ciel, on sent qu'ils ont raison de parler ainsi. En prison! voilà déjà une nuit que j'y passe. Quelle position épouvantable! Que dois-je faire? Je ne sais réellement quel parti prendre. Dois-je, en disant mon nom, me faire remettre en liberté? mais alors on remonterait à la source, — la femme serait compromise, — Hagen apprendrait tout. — Je ne le veux à aucun prix. — Cela serait peu loyal; ce ne serait pas digne d'un homme d'honneur. Cependant Hagen est en voyage. Pour combien de temps? Dois-je donc rester ici quinze jours? Ce serait affreux! Que faire? Hum! on permettra bien à Ramsdorf de me

visiter; — je l'enverrai trouver Mathilde; — il la priera
de me pardonner ; de ne rien dire à son mari, et le reste
ira tout seul. (*Il voit Hermine.*) Tiens , une femme !
Diantre, elle est jolie ! Ah ! comme ses mouvements sont
gracieux ! Elle est jeune ! on voit qu'elle n'a pas de peine
à porter ses dix-neuf ans ! Ah ! ah ! si la prison cache de
pareilles beautés, elle n'est plus aussi terrible. (*Il s'a-
vance vers elle.*) Ma belle enfant, permettez-moi de vous
souhaiter le bonjour.

HERMINE (*se tourne vers lui, légèrement effrayée, elle
se remet bien vite, le regarde, et s'occupe de nouveau de
ses fleurs*).

WALLBECK. Vous ne me répondez pas ? Un salut amical
n'a-t-il pas droit à une réponse ?

HERMINE. C'était donc à moi que votre bonjour s'a-
dressait ?

WALLBECK. A qui donc s'adresserait-il ? Il n'y a personne ici que nous deux.

HERMINE. (*Elle regarde autour d'elle.*) C'est vrai, —
je n'avais pas fait attention ! — je ne savais pas non plus
qu'il fût d'usage, en Allemagne, d'aborder quelqu'un en
appelant : « *Ma belle enfant !* »

WALLBECK. Comment ? Il me semble avoir lu cette expression dans nos meilleurs poètes.

HERMINE. C'est possible ; elle peut convenir dans les
poètes ; elle peut même convenir dans d'autres circonstances, mais pas de vous à moi, car il n'existe entre
nous aucune espèce de relation.

WALLBECK. Je le regrette vivement, et je vous avoue

que je tiendrais à voir des relations s'établir entre nous.

HERMINE. Quelles relations?

WALLBECK. Quelle singulière question? Il n'y a qu'une seule relation que puissent désirer deux jeunes gens comme nous.

HERMINE. Monsieur, il y a deux choses en vous que je ne puis accorder.

WALLBECK. Lesquelles, donc?

HERMINE. Votre toilette distinguée — et vos paroles.

WALLBECK. Mes paroles ne sont-elles pas convenables?

HERMINE. Elles sont au moins hardies!

WALLBECK. La hardiesse ne plaît-elle pas aux femmes!

HERMINE. Non, pas à toutes!

WALLBECK. Et auxquelles ne plaît-elle pas?

HERMINE. A celles qu'elle fait fuir. (*Elle s'incline légèrement et rentre dans la maison.*

WALLBECK. (*Seul, confondu.*) En voilà une qui est encore plus collet-monté que la femme du docteur d'hier soir. J'en ai plus appris en douze heures qu'anciennement je n'en apprenais dans une année! La jeune fille est belle, — admirablement belle! — Comme ses yeux brillaient! — quelle fierté! — qui peut-elle être? Tiens, un livre, — c'est sans doute à elle! (*il ouvre le livre*). Béranger! en français encore! Je ne me serais jamais attendu à trouver de semblables choses dans une prison: « *A celles qu'elle fait fuir !* » comme elle disait cela ; quel ton dédaigneux, — cependant il était convenable. — Cette jeune fille est véritablement un ange !

SCÈNE III.

WALLBECK, FRIEDHEIM.

FRIEDHEIM (*vient à droite*). Comment, monsieur le docteur, vous êtes ici ? La cour, dans l'intérieur de la prison, est cependant plus vaste et plus agréable ; c'est là où se trouvent les autres prisonniers.

WALLBECK. Est-ce que je ne puis être ici ?

FRIEDHEIM. Si, si, cela n'est pas défendu.

WALLBECK. Alors, permettez que je reste ici ; — je préfère être seul.

FRIEDHEIM. Comme vous voudrez ; — vous avez deux heures pour vous promener.

WALLBECK (*gaîment*). Se promener ! Charmante expression. C'est un grand plaisir de se promener ici entre ces murs élevés !

FRIEDHEIM. Cependant, vous ressentez ce plaisir ; vous paraissez assez gai. Je m'étais attendu à vous voir plus triste, car vous n'êtes pas venu ici de bonne volonté, et on a dû aller vous chercher.

WALLBECK (*riant*). De bonne volonté, mon cher monsieur, non, non, si vous ne m'aviez pas fait chercher — je ne serais jamais venu de mon plein gré.

FRIEDHEIM (*riant*). Je le crois bien ; personne ne vient volontiers ici. (*Il veut s'en aller.*)

4.

WALLBECK. Encore un mot. (*Il veut lui donner de l'argent.*)

FRIEDHEIM. Tonnerre ! Monsieur, pour qui me prenez-vous ? Je suis un vieil officier et vous voulez me corrompre !

WALLBECK. Corrompre ? Qu'est-ce que cela veut dire ?

FRIEDHEIM. Vous m'offrez de l'argent pour me faire faire ce que je ne dois pas.

WALLBECK. Cela dépend. Je désire seulement que vous ne fassiez connaître mon nom à personne ; je tiens beaucoup à ce que l'on ne sache pas que je suis ici. Est-ce contraire à vos devoirs ?

FRIEDHEIM. Nullement, bien au contraire ! Tant que vous êtes sous ma garde, vous n'avez pas de nom : vous n'avez qu'un numéro ! Vous êtes le numéro 8, ni plus ni moins !

WALLBECK. C'est charmant ! Ainsi c'est ici que se trouve la vraie égalité ; aucune différence, pas même celle du nom : on est seulement numéroté.

FRIEDHEIM (*grommelant*). Hum ! cela n'est pas déjà si mal, car, dans le monde, le nom seul suffit pour établir une différence qui est souvent d'un grand poids.

WALLBECK. Ainsi je puis compter que mon nom restera un secret pour tout le monde.

FRIEDHEIM. Pour tout le monde, je vous le promets. (*Il veut s'en aller.*)

WALLBECK. Encore une question. Je viens de voir une jeune fille, serait-elle aussi une prisonnière ?

FRIEDHEIM. Ici ?

WALLBECK. Près de ces fleurs.

FRIEDHEIM. C'est ma fille, monsieur le docteur Hagen; — elle n'a rien à faire avec les prisonniers. (*Il sort par la gauche.*)

WALLBECK (*seul*). Sa fille! Je ne me serais jamais imaginé que ce vieil ours pût être le père d'une si charmante personne. (*On entend la cloche de la porte d'entrée.*) Elle est réellement délicieuse, elle ne me sort pas de l'esprit.

SCÈNE IV.

WALLBECK, LE CONCIERGE, RAMSDORF, L'AGENT.

LE CONCIERGE (*sort de sa maison et ouvre la porte d'entrée*).

RAMSDORF (*entre*).

L'AGENT (*entre et fait voir un papier au concierge; il traverse ensuite le théâtre et rentre dans la maison à gauche après avoir fait signe à Ramsdorf d'attendre un instant*).

LE CONCIERGE (*indique à Ramsdorf la prison et rentre chez lui*).

RAMSDORF (*marche lentement devant lui et observe Wallbeck*).

WALLBECK (*continue sa promenade sans faire attention*). Depuis que je sais que ces murs renferment de telles habitantes, ils me paraissent moins affreux. Et lors même qu'Hagen tarderait à revenir, — il n'est condamné que pour quinze jours, — à la rigueur, je puis rester ici pendant tout ce temps. Mais elle ne reparait pas. C'est peut-être le vieux qui lui a défendu de sortir. Je ne me comprends plus du tout : — autrefois j'étais près des femmes un César : — *veni* — *vidi* — *vici*. — Maintenant j'éprouve échec sur échec, — et, franchement, cela ne me chicane pas trop.

RAMSDORF (*s'est avancé jusqu'à lui*). Wallbeck !

WALLBECK (*se retourne*). Ramsdorf !

RAMSDORF. Vous ici !

WALLBECK. Vous ici !

RAMSDORF. Expliquez moi ?

WALLBECK. Expliquez-moi vous-même?

RAMSDORF (*Il fait un signe d'épaule*). Je vous ai parlé hier de ma lettre de change. — Ce que je craignais est arrivé, mon créancier m'a fait mettre ce matin en prison.

WALLBECK. Quelle imprudence ! On reste chez soi pendant le jour quand on a les recors à ses trousses.

RAMSDORF. C'est ma complaisance pour vous qui m'a causé ce désagrément.

WALLBECK. Comment donc ?

RAMSDORF. Je me rendis hier, comme je vous l'avais promis, dans l'auberge que vous m'aviez indiquée afin d'y trouver le docteur Hagen. — Nous fîmes une partie d'échec, et cette partie nous absorba tellement, que minuit arriva sans que nous nous en doutions. Comme il pleuvait, cela ne nous plaisait nullement de retourner à la ville à une pareille heure : nous passâmes la nuit à l'auberge. Hagen le fit d'autant plus volontiers que sa femme ne l'attendait pas. Le lendemain matin je revins à la ville, et je fus pincé par les recors avant d'avoir pu arriver chez moi.

WALLBECK. Ainsi, Hagen n'est pas en voyage ! — Vous avez joué avec lui ! Et pourquoi sa femme ne l'attendait-elle pas ?

RAMSDORF. Hagen m'a dit qu'il devait aller en prison, et qu'il s'y serait rendu hier soir si notre partie d'échecs ne l'en avait empêché. C'est aussi pour ce motif que sa femme ne l'attendait pas. Il est resté à l'auberge avec l'intention de se rendre en prison ce matin. Lorsque je partis, il dormait encore.

WALLBECK (se *promenant avec agitation*). Mille tonnerres ! Cela change ma position ; car il faut s'attendre à tout moment à voir arriver Hagen.

RAMSDORF. Mais comment vous trouvez-vous ici ?

WALLBECK. J'ai été arrêté pour Hagen, dans sa propre maison ; mais je vous conterai cela plus au long une autre fois ; pour le moment, conseillez-moi, aidez-moi.

RAMSDORF. Je n'y comprends rien.

WALLBECK. Si Hagen parle à sa femme et s'il apprend que je l'ai offensée, il me provoquera ; car c'est un homme d'honneur, je le connais bien. Me faut-il donc perdre la réputation d'une femme. Dois-je exposer un mari aux suites funestes d'un duel ? Je serais un misérable si je le faisais. Tout cela n'arriverait pas si j'avais le temps d'apaiser la femme. Voici ce que je peux faire. Je resterai ici à la place de Hagen.

RAMSDORF. Êtes-vous fou ?

WALLBECK. En aucune manière, monsieur de Ramsdorf; j'agis comme je dois agir.

SCÈNE V.

LES MÊMES, FRIEDHEIM, L'AGENT (*à gauche*).

(L'Agent *indique Ramsdorf et sort par la grande porte.*)

FRIEDHEIM (*ayant des papiers à la main*). Monsieur de Ramsdorf!

RAMSDORF. C'est moi.

FRIEDHEIM. Vous êtes ici pour dettes.

RAMSDORF. Oui.

(*On sonne à la grande porte.*)

FRIEDHEIM. C'est maintenant l'heure de la promenade; cependant je vais vous montrer l'endroit que vous devez occuper.

WALLBECK. Je vais avec vous car j'ai quelque chose à écrire.

FRIEDHEIM. Vous n'avez pas besoin de cela pour me suivre, vous êtes les numéros 8 et 9.

RAMSDORF. Le numéro 9?

WALLBECK. Oui, mon bon, numéros 8 et 9; voilà deux numéros excellents sur lesquels je mettrai la première fois que je jouerai à la roulette : ils doivent gagner infailliblement. Venez-vous, venez-vous! (*Il le précède.*)

RAMSDORF ⎱ *entrent avec lui dans la maison de*
FRIEDHEIM ⎰ *droite.*

SCÈNE VI.

LE CONCIERGE, HAGEN.

LE CONCIERGE. (*Il a ouvert la porte.* HAGEN *entre pré-cipitamment et s'avance sur la scène*).

LE CONCIERGE (*tout étonné le suit et lorsque* Hagen *se trouve au milieu de la scène*). Que voulez-vous?

HAGEN (*gaîment*). Marronner !

LE CONCIERGE. Comment !

HAGEN (*riant*). Impayable Philistin, il ne me comprend pas. En d'autres termes, c'est bien ici la prison?

LE CONCIERGE. Sans doute !

HAGEN. Je ne me trompe donc pas, — je veux élire ici mon domicile; en un mot, je viens pour me faire renfermer.

LE CONCIERGE. Avez-vous une autorisation, un billet.

HAGEN. Précaution suprême de l'autorité ! même ici on a besoin d'autorisation et de justification ! Cher ami ! cela doit être inutile, car personne ne vient volontiers dans votre pension. Du reste, j'ai sur moi mon passeport, ma carte de sureté, ma permission, enfin, d'habiter pendant quelque temps une chambre dans ce palais. Voilà l'ordre de me rendre ici, et de me faire mettre sous clef et verrou, afin qu'on ne puisse pas m'enlever.

LE CONCIERGE (*regarde l'ordre*). Docteur Hagen?

HAGEN. J'ai cet honneur ! Quand j'étudiai, je me suis fait fourrer plusieurs fois dans la prison des étudiants. Ici j'aurai l'occasion de faire des observations d'histoire naturelle et des études de statistique. Mes effets sont-ils arrivés? Montrez-moi, maintenant, lequel de ces appartements aura l'honneur de me cacher aux yeux du monde.

Le Concierge. Aucun, monsieur!

Hagen. Comment?

Le Concierge. Le docteur Hagen est déjà renfermé.

Hagen. Qu'est-ce que vous dites-là?

Le Concierge. Depuis hier soir.

Hagen. Moi!—je suis déjà en prison?

Le Concierge. Non pas vous, mais le docteur Hagen.

Hagen. Mais, c'est moi le docteur Hagen!

Le Concierge. Mais cela n'est pas possible!

Hagen. Comment? Est-ce que par hasard j'aurais été changé cette nuit?

Le Concierge. Je ne sais pas;—dans tous les cas vous n'avez rien à faire ici.

Hagen. Plût à Dieu que cela fût vrai, mon ami, mais malheureusement il n'en est rien. Les juges ont prononcé: « Attendu que, — entendu l'accusation et la défense, et, faisant application de l'article tel et tel, » tu dois, Bruno Hagen, être en prison. Et — *les desseins de Jupiter étant inébranlables,* — on ne me fera pas grâce d'une heure sur mes quinze jours.

Le Concierge. Cessez vos plaisanteries! le docteur Hagen est déjà en prison, et vous n'avez rien à faire ici!

Hagen. Cessez vous-même vos plaisanteries; je viens ici pour me faire coffrer, je réclame mon droit... ainsi coffrez-moi.

SCÈNE VII.

LES MÊMES, FRIEDHEIM (*à droite*).

FRIEDHEIM. Hé! hé! qu'y a-t-il donc là?

LE CONCIERGE. C'est ce Monsieur qui se donne pour le docteur Hagen, et qui veut subir sa peine.

FRIEDHEIM. Qu'est-ce que cela veut dire?

HAGEN. Finissons-en; — vous me semblez être le Directeur; voilà mon ordre d'emprisonnement, je suis le docteur Hagen, — et maintenant coffrez-moi.

FRIEDHEIM. Allons donc! le docteur Hagen est déjà en prison!

HAGEN. Que diable! le voilà le docteur Hagen, le voilà en personne devant vous.

FRIEDHEIM. Taisez-vous, taisez-vous! le docteur Hagen a été arrêté hier chez lui, nous le connaissons bien maintenant, et vous, vous venez trop tard.

HAGEN. Chez moi! Qu'est-ce que tout cela signifie?

SCENE VIII.

LES MÊMES, RAMSDORF, WALLBECK.

WALLBECK. (*Il aperçoit Hagen et fait rentrer Ramsdorf dans la maison.*) Le voilà, — il ne doit pas vous voir.

RAMSDORF (*se retire*).

WALLBECK (*se précipite en riant vers Hagen*). Mon cher ami, notre projet est manqué!

5

HAGEN (*étonné*). Comment ! vous ici ?

FRIEDHEIM. Voilà le vrai docteur Hagen !

HAGEN. Vous êtes docteur ! Depuis quand ?

LE CONCIERGE. Enfin la chose va s'éclaircir ! (*Il rentre chez lui.*)

HAGEN. Au contraire — elle commence maintenant à s'embrouiller.

WALLBECK. Votre déguisement ne sert plus à rien ; vous arrivez trop tard ; — notre plan a échoué.

FRIEDHEIM. Ah ! je comprends. L'un voulait payer pour l'autre, nous connaissons ces tours-là ; mais on ne nous attrappe pas si facilement.

WALLBECK. Vous l'avez bien deviné. Me permettez-vous de dire deux mots à Monsieur ?

FRIEDHEIM. C'est maintenant votre heure de promenade, vous n'êtes pas ici pour cause de crime, parlez-lui. Vous me faites l'effet de deux joyeux compères ; mais je suis un vieux limier qui ne se laisse pas facilement dépister. Je vous donnerai une demi-heure, et après Monsieur devra s'en aller. (*Il sort à gauche.*)

SCÈNE IX.

HAGEN, WALLBECK.

HAGEN. Dites-moi ! ai-je perdu la raison ? — au lieu d'être en prison, suis-je dans une maison d'aliénés ? — Ainsi vous êtes moi ?

WALLBECK (*gaîment*). Je suis vous.

HAGEN. Et on vous a arrêté ?

WALLBECK. A votre place.

HAGEN. Expliquez-moi donc ?

WALLBECK. Mon Dieu, la chose est très-simple. Hier soir, à l'entrée de la nuit, je me promenais derrière votre jardin ; je vis la porte ouverte et j'entrai pour vous demander une tasse de thé. Dans le jardin, personne — de la lumière, nulle part !

HAGEN. Ma femme était peut-être sortie ?

WALLBECK. Probablement.—Du reste, je n'en sais rien. Pendant que j'étais indécis si je resterais ou si je sortirais, j'entendis marcher dans le jardin et une voix inconnue me demanda si j'étais le docteur Hagen. — Je pensai que c'était un mendiant ou quelque personne suspecte, et pour savoir à quoi m'en tenir à cet égard, je répondis : oui. Là-dessus l'individu me montra le mandat d'amener et je vis que c'était un agent du tribunal.

HAGEN. Oui, oui, je m'étais mis en retard. — J'étais à jouer aux échecs. Ainsi le président du tribunal a accompli sa menace.

WALLBECK. Je fus arrêté à votre place.

HAGEN. Mais pourquoi ne vous êtes-vous pas fait connaître ?

WALLBECK. Je savais que vous n'aviez commis aucun crime ; mais comme vous pouviez être impliqué dans un duel ou quelque autre affaire désagréable, je m'imaginais qu'en me faisant arrêter pour vous, je vous donnerais le temps de fuir.

HAGEN. C'est bien ce que vous avez fait là.

WALLBECK. Les amis ne doivent-ils pas s'entr'aider ?

Ce n'est que ce matin que j'ai appris qu'il s'agissait d'une affaire peu importante.

HAGEN (*riant*). C'est vrai. J'eus avec le professeur Kissling une discussion scientifique qui fut peut-être un peu trop vive et les juges, pensant que j'avais insulté Kissling, qu'il fallait, sans doute, me rafraîchir le sang, m'envoyèrent ici. Maintenant, cher ami, nous allons appeler l'inspecteur : vous vous ferez connaître et vous reprendrez cette chère liberté.

WALLBECK. Mon bon, cela ne se fera pas aussi facilement que vous le supposez. Le mieux serait peut-être de laisser les choses telles qu'elles se trouvent et que je reste ici à votre place.

HAGEN. En aucune manière, cela serait trop demander à l'amitié. Je vais faire venir l'inspecteur, et...

WALLBECK (*l'arrête*). Mais vous croira-t-on ? Vous avez vu qu'on soupçonne déjà que vous voulez prendre ma place : — au point où en sont les choses, on croira plutôt que c'est moi qui suis Hagen !

HAGEN. Mais vous ne pouvez pas, pour moi...

WALLBECK. Notre simple déclaration ne suffira pas à l'inspecteur ; il va faire son rapport, et on sera obligé de faire une enquête pour savoir qui de nous deux est le véritable Hagen.

HAGEN. De cette manière, la vérité se fera jour.

WALLBECK. Que gagnerons-nous à tout cela ? Quant à moi, j'aurai sans doute quelques jours de prison pour avoir donné un faux nom et pour avoir essayé de tromper la justice.

HAGEN. C'est une histoire très-désagréable !

WALLBECK. Ensuite, pensez bien : on m'a arrêté dans votre maison pendant votre absence ; je m'y suis donné pour vous. — Cela fera jaser. — Vous, qui avez le cœur droit, vous ne vous doutez de rien, — mais les mauvaises langues, elles auront là une occasion excellente pour s'en donner tout à leur aise.

HAGEN. Comment cela ?

WALLBECK. Votre femme est jeune et jolie.

HAGEN. Mille tonnerres ! et vous n'êtes pas un Caton.

WALLBECK. Sans doute ! Si on s'occupe de cette affaire, nous deviendrons pour tous un objet de risée ; nous serons en butte aux plaisanteries de toute la ville ; et la réputation de votre femme...

HAGEN. On dirait que le diable s'en mêle ! — Cependant vous ne pouvez pas rester ici quinze jours pour moi ?

WALBECK (riant). Pourquoi pas ? Il faut essayer de tout dans ce monde. D'ailleurs, j'ai remarqué ici une jeune fille charmante avec laquelle je voudrais faire connaissance à tout prix. — Cette aventure m'offrira une compensation plus que suffisante pour le petit désagrément que j'aurai à rester quelques jours en prison. L'affaire commence à me faire plaisir.

HAGEN. Vous êtes un mauvais sujet ! Cette chose n'est pas possible, quand même je voudrais y consentir : on me verrait, Kissling serait averti que je ne suis pas en prison ; il irait aux informations, et cela se terminerait mal.

5.

WALLBECK. J'ai pensé à cela. — Vous devez disparaître.

HAGEN. Qu'est-ce que vous dites?

WALLBECK. Je vous ai dit que je devais aller dans mes terres; — changeons de rôle, — faites le voyage à ma place.

HAGEN. Comment cela serait-il possible ?

WALLBECK. Rien n'est plus simple! Depuis l'âge de dix ans je ne suis pas allé au château de Wallbeck; personne ne m'y connaît, vous pouvez donc très-bien vous y faire passer pour moi. Vous savez de plus que je dois vendre mes biens. — Comme vous avez étudié le droit et que vous comprenez les affaires mieux que moi, vous vous occuperez de cette vente! — Vous voyez que j'y gagne de toutes façons. Lorsque le contrat sera dressé et qu'il n'y aura plus qu'à le signer, vous me l'enverrez et j'y mettrai ma signature. Mon vieux domestique vous accompagnera. Il connaît parfaitement toute cette affaire, et il vous donnera tous les papiers et tous les renseignements qui pourront vous être nécessaires. Tout peut être terminé d'ici huit ou douze jours : alors vous reviendrez; à cette époque mon emprisonnement tirera à sa fin, et personne ne connaîtra rien de notre aventure.

HAGEN. Hum! hum! tout cela est bien beau, — mais.....

WALLBECK. Et une fois à mon château, vous pourrez fouiller les archives et chercher les pièces qui ont tant d'importance pour vous. — Quant à moi, je pense que je les aurais difficilement trouvées.

HAGEN. Fouiller les archives ? (*Avec le regard animé.*) Cela serait magnifique !

WALLBECK. Ainsi vous acceptez ?

HAGEN. Je le voudrais bien, — mais ma femme.

WALLBECK. Elle ne doit rien savoir. Vous ne devez pas même retourner chez vous. Votre femme vous croit en prison, il faut la laisser dans cette idée. Dans le cas où vous voudriez lui écrire, envoyez les lettres, ici, à mon adresse, et je me chargerai de les lui faire parvenir.

HAGEN. Elle n'attend aucune lettre de moi.

WALLBECK. Tant mieux ! — seulement si elle voulait venir ici...

HAGEN. Elle ne le fera pas, — je le lui ai défendu.

WALLBECK. Tout cela est pour le mieux, il est impossible que l'on découvre notre ruse.

HAGEN. Soit ! Qu'un autre que moi résiste, s'il le veut, au plaisir de fouiller dans de vieilles archives où jamais homme de science n'a fourré le nez ; — quant à moi je ne le puis pas.

WALLBECK. Voilà un petit mot pour mon vieux domestique avec l'ordre de vous obéir comme à moi-même ;— il est discret et fidèle.

HAGEN (*riant*). Tout cela me fait l'effet d'une farce d'étudiant.

WALLBECK. Eh bien, vous êtes un honorable docteur — qui faites encore des farces d'étudiant.

HAGEN. Et pourquoi pas ? Bien qu'à l'Université j'étais un piocheur, — je n'étais pas pour cela un sournois,

ni de ceux auxquels nous donnions le nom de chameau.
J'étais alors un joyeux garçon.

SCÈNE X.

LES MÊMES, FRIEDHEIM, LE CONCIERGE.

FRIEDHEIM. (*Il arrive sur le seuil de sa porte.*) Messieurs, la demi-heure est écoulée !

LE CONCIERGE (*sort de la maison et vient ouvrir la porte*).

WALLBECK. Vous allez de suite chez moi.

HAGEN. Votre domestique fait les paquets....

WALLBECK. A midi vous prenez le chemin de fer...

HAGEN. Et je vole vers ces chères archives.

WALLBECK. Dans quinze jours?

HAGEN. Tout aura repris son ordre habituel. Adieu
donc, — et si jamais un jour vous avez des embarras. . .

WALLBECK. Vons m'en tirerez, n'est-ce pas, vous
viendrez à mon aide, je vous crois. (*Ils sont arrivés
près de la grand'porte d'entrée et ils se séparent.*)

HAGEN (*sort*).

FRIEDHEIM (*rentre dans sa maison*).

WALLBECK (*revient sur ses pas*), Me voilà sûr maintenant de rester en prison pour mes quinze jours ! Tout
est prévu, et si la chose ne réussit pas, — c'est que le
diable s'en mêlera. Maintenant une lettre pour la femme
de Hagen — je lui ferai un aveu franc et sincère et elle
me pardonnera ! (*Il veut partir, mais il s'arrête tout*

d'un coup.) Non; je ne veux pas détacher mes yeux de dessus cette fenêtre que je n'aie revu cette jeune fille. Comment peut-elle s'appeler? Tiens! Voilà son livre qui est encore là; (*il prend le livre et l'ouvre*) peut-être... justement voilà son nom : Hermine Friedheim, Hermine !

SCÈNE XI.

WALLBECK, HERMINE.

HERMINE. (*Elle sort de la maison pour chercher son livre; elle le voit entre les mains de Wallbeck, après l'avoir cherché vainement sur le banc. — Elle s'arrête.*)

WALLBECK (*qui ne l'a pas aperçue; — il continue*). Ceci est particulier : ce nom, qu'anciennement je n'aimais pas, me plaît maintenant. — Wallbeck! Wallbeck! tu es devenu rêveur, tu fais des considérations sur un nom! (*Il se retourne et voit Hermine.*) Ah! mademoiselle, vous cherchez votre livre !

HERMINE. Oui, monsieur.

WALLBECK. Vous me trouverez sans doute bien hardi de l'avoir pris et de l'avoir ouvert?

HERMINE. Mais non, c'est une de ces choses que l'on peut pardonner ! Un livre que l'on trouve par hasard excite la curiosité. Maintenant que vous savez ce que je lis, rendez-moi mon livre !

WALLBECK (*retardant*). J'ai encore cherché et trouvé d'autres choses dans ce livre.

HERMINE. Et quoi donc ?

WALLBECK. Votre nom. Vous vous appelez Hermine !

HERMINE. Voilà encore une de vos hardiesses. Mon nom ne doit pas vous regarder (*Elle lui prend le livre des mains et s'en va.*)

WALLBECK. Me quittez-vous donc si brusquement ? N'avez-vous pas un regard de compassion pour un pauvre prisonnier ?

HERMINE. (*Elle s'arrête, se retourne et le regarde.*) De la compassion ? Non.

WALLBECK. Est-ce que vous avez le cœur dur ?

HERMINE. Non... mais je ne crois pas que l'on doive avoir de la compassion pour vous.

WALLBECK. Et pourquoi cela ?

HERMINE. Je crois que c'est seulement votre présomption qui vous a poussé au mal.

WALLBECK. A quel mal ?

HERMINE. Il est évident que ce n'est pas pour une bonne action que vous êtes ici ?

WALLBECK (*avec loyauté*). Non, non, mademoiselle, ce qui m'a amené ici est une des plus grandes folies de ma vie ; je supporte mon emprisonnement avec patience, car je l'ai bien mérité.

HERMINE. Vous êtes franc, — c'est un bon signe ; — la punition vous rendra meilleur.

WALLLECK. Lorsque je vous regarde, il me semble que je suis devenu meilleur, que je suis bon déjà. Venez à mon aide !

HERMINE. Pourquoi ?

WALLBECK. Pour mon amélioration complète.

HERMINE. Je n'ai aucun pouvoir sur les prisonniers !

WALLBECK. Non pas sur tous, — mais sur un.

HERMINE. Monsieur !

WALLBECK. Qui est doublement prisonnier... par ces murs et... par vos beaux yeux.

HERMINE, Maintenant, Monsieur, je doute fort de votre amélioration.

WALLBECK. Pourquoi ?

HERMINE. Vous êtes endurci et opiniâtre.

WALLBECK. Moi ?

HERMINE. Lorsqu'on se laisse aller à causer avec vous, — vous tournez la conversation de telle sorte qu'on doit la rompre immédiatement. (*Elle s'incline et s'en va, arrive à la porte et regarde furtivement en arrière.*)

WALLBECK. (*Il la suit des yeux avec joie.*) Elle s'est détournée. C'est dommage que Hagen n'ait pas dit plus d'injures au professeur. Je désirerais qu'il s'en fût fait donner pour trois mois !

ACTE TROISIÈME

Château de Wallbeck. Une chambre antique garnie d'un vieux mobilier.

SCÈNE PREMIÈRE.

HAGEN.

HAGEN. (*En robe de chambre, fumant dans une grosse pipe en porcelaine ; il est assis à une table à droite, couverte de vieux livres et de papiers ; il étudie.*) Ah ! le comté de Bergue a été reconnu par la chancellerie comme un fief féminin ! C'est là le point important. — Cela répand la plus grande lumière sur toute l'affaire. (*Il s'allonge sur un fauteuil avec un air de contentement.*) Quelle bonne aubaine pour un savant. On en rencontre difficilement une pareille ! Quelles riches archives ! et dire que personne avant moi ne les a consultées et que je n'ai qu'à étendre la main pour y trouver les pièces les plus rares et faire d'importantes découvertes. Cependant tout cela a été enseveli dans la poussière. Personne ne s'en souciait ! Et on nous parle d'éducation ! Ce baron Wallbeck se tient sans doute pour un homme instruit, et il n'a jamais eu la moindre idée des trésors que ces vieux murs renfermaient !

6

SCÈNE II.

HAGEN, GUNTHER.

GUNTHER. Monsieur le docteur, le régisseur vous fait dire qu'il lui faut aujourd'hui absolument une réponse définitive pour la vente dn château de Wallbeck. L'acquéreur a offert 10,000 thalers de plus que la valeur de la somme dont la propriété est grevée ; — mais, si l'affaire n'est pas terminée ce soir, — le marché est rompu.

HAGEN. Cela ne peut aller si vite, Gunther, j'ai à peine examiné le quart des archives.

GUNTHER. Mais, monsieur le baron vous a donné toute liberté, — et la propriété doit être vendue.

HAGEN. Le régisseur n'entend rien à l'affaire ; — les archives...

GUNTHER. Depuis quinze ans, monsieur le baron n'a fait que de tirer de l'argent de sa propriété, et il n'a fait aucune amélioration ; de sorte qu'elle a beaucoup perdu de sa valeur.

HAGEN. Mais au moins les archives sont restées intactes !

GUNTHER. On a fait beaucoup de dettes, — et monsieur le baron dépensait beaucoup d'argent. Tout est en désordre ici.

HAGEN. Les archives sont bien en ordre.

GUNTHER. Les hypothèques dévorent le bien tous les jours.

HAGEN. Les archives à elles seules sont un trésor inestimable.

GUNTHER. On ne vous donnerait pas un sou de toutes ces vieilles paperasses.

HAGEN, Vous n'y entendez rien !

GUNTHER. On ne trouve pas tous les jours des offres aussi avantageuses que celles qui viennent de nous être faites. — Si nous ne payons pas, — on nous expropriera, et mon pauvre maître n'aura plus rien.

HAGEN. Ces offres ne sont pas suffisantes ; — car on n'a tenu aucun compte des archives. Si encore l'acheteur permettait de les emporter !

GUNTHER. Il ne le veut pas, car les archives sont attachées à la propriété ; c'est là où l'on trouve les vieux titres et toutes les pièces qui sont nécessaires en cas de procès.

HAGEN. Sous ce rapport il a raison.

GUNTHER. Mais que devons-nous donc faire ?

HAGEN. Quant à cela, je n'en sais rien.

GUNTHER. Vous n'avez qu'une chose à faire, c'est de terminer la vente, puisque cela dépend de vous ; tout le monde le dit : la seule ressource qui nous reste, c'est de vendre.

HAGEN. Gunther, ma conscience se refuse à gaspiller un trésor aussi précieux que les archives.

GUNTHER. Mon maître aurait certainement vendu.

HAGEN. C'est possible.

GUNTHER. Vous êtes son représentant et vous devez agir comme il le ferait.

Hagen. Sans doute, mais après mûre délibération, je soupçonne qu'il y a dans ces archives des pièces excessivement précieuses, que toutes les bibliothèques s'arracheront et qu'elles voudront avoir à tout prix.

Gunther. Eh bien ! je vois maintenant ce qui arrivera : — le procès que nous avons, relativement à une autre propriété, est comme s'il était perdu ; mon maître devient un mendiant ! — ma foi ! je m'en lave les mains.

Hagen. C'est parfaitement inutile ; — tout va très bien... Est-ce que je ne joue pas admirablement mon rôle ? Tout le monde me prend pour le baron.

Gunther (d'une manière ironique). En effet, vous avez beaucoup de ressemblance avec lui.

Hagen. Comment cela ?

Gunther. Monsieur le baron ne s'est jamais inquiété de ses biens. — Vous en faites tout autant. Depuis que nous sommes ici, vous êtes resté plongé dans ces vieilles paperasses et vous ne vous occupez d'aucune autre chose. Le régisseur en est étonné et secoue la tête. Tout le monde en fait autant.

Hagen. Hum ! Hum ! Je vais décidément m'occuper de cette affaire, — un de ces jours. Ecoute donc !

Gunther. Qu'y a-t-il ?

Hagen. Une voiture.

Gunther (à la fenêtre). Oui, c'est une voiture ; il y a longtemps qu'il n'en est venu une dans ce vieux château où l'herbe croît partout.

Hagen. Il y a une dame dedans.

Gunther. Ce ne peut être que Mlle de Delmenhorst ;

oui, oui, c'est bien cela, — les armes de Delmenhorst sont sur la voiture.

HAGEN. Hé! Quelle est donc cette demoiselle?

GUNTHER. Monsieur le baron ne vous en a-t-il donc pas parlé?

HAGEN. Il ne m'en a pas dit un seul mot.

GUNTHER. Mlle de Delmenhorst et Monsieur le baron doivent se marier!

HAGEN. Ah! mon vieux! mes pouvoirs ne vont pas jusqu'au mariage.

GUNTHER. C'est ici, et c'est aujourd'hui, qu'ils doivent se rencontrer.

HAGEN. Rien n'empêche que j'aie une entrevue avec elle. — Sapristi! Wallbeck doit l'avoir totalement oublié? Pourquoi le cocher fait-il ainsi claquer son fouet, et comment la demoiselle ne descend-elle pas de voiture?

GUNTHER. Elle attend qu'on vienne la recevoir.

HAGEN. Allez-y vous-même.

GUNTHER. Mais, en définitive, c'est vous que cela regarde.

HAGEN. Vous avez raison, — j'y vais. (*Il fait mine de s'en aller.*)

GUNTHER (*lui barre le chemin*). Ah! En robe de chambre! — Voulez-vous recevoir de cette manière Mlle de Delmenhorst?

HAGEN. C'est vrai, cela ne convient pas; — mais alors, — nous ne pouvons cependant pas la faire attendre plus longtemps?

GUNTHER (*vivement*). Il n'y a plus qu'un moyen : —

J'irai moi-même au-devant de cette demoiselle et je vous excuserai auprès d'elle ; pendant ce temps-là vous vous habillerez le plus vite possible.

Hagen. C'est bien, Gunther ! faites.

Gunther. Mais où faut-il la conduire ? Il n'y a dans tout le château que cette chambre de convenable !

Hagen. Eh bien ! il faut l'amener ici !

Gunther (vivement). Nous n'avons que cette seule ressource. Allez vite vous habiller, nous ne pouvons pas la faire attendre plus longtemps.

Hagen (seul). Une demoiselle que Wallbeck doit épouser, et il ne m'en dit pas un mot ? Comment dois-je me comporter ? Si je lui disais franchement qui je suis ; — cela serait peut-être encore le plus simple, mais cela serait contraire à ce qui a été convenu avec Wallbeck; car il doit avoir des motifs pour n'être pas venu lui-même pour la voir et s'être fait remplacer par moi. Les femmes ne peuvent se taire ;— l'histoire finirait par s'ébruiter et je serais forcé de faire mes quinze jours de prison. Non! je jouerai le rôle du baron! Ma foi! arrivera ce qui pourra, cela regarde Wallbeck... il s'en arrangera comme il voudra. Ma bonne petite femme a cherché bien souvent à faire de moi un élégant, mais, hélas! elle n'a jamais pu y parvenir. — Pourvu que la très-noble demoiselle ne s'aperçoive pas que c'est un âne dans la peau du lion! Ane ! Sapristi ! non. La comparaison n'est pas bien choisie ; — je suis un tout autre homme que tous ces beaux messieurs... je serai calme, posé, convenable ; — je me présenterai à elle avec la dignité qui convient à un homme;

elle ne s'apercevra pas — que je ne suis pas le baron !
D'abord il faut m'habiller, c'est maintenant l'essentiel. (*Il sort par la droite.*)

SCÈNE III.

ADELGONDE, GUNTHER.

GUNTHER. (*Il ouvre la porte.*) Très-noble demoiselle, veuillez entrer.

ADELGONDE. (*En grande toilette, maintien raide et cérémonieux ; elle paraît sur le seuil de la porte, et recule tout d'un coup en poussant un léger cri.*) Ah !

GUNTHER. Qu'ordonne Mademoiselle ?

ADELGONDE. Quelle épouvantable odeur de tabac! Il m'est impossible de rester ici !

GUNTHER. Sans doute, il sent quelque chose comme le tabac; — malheureusement c'est la seule chambre convenable qui se trouve ici ; le château est inhabité depuis de longues années. — Si j'ouvrais la fenêtre ?

ADELGONDE. Faites...

GUNTHER. Le grand air fera bientôt disparaître cette odeur ! (*Il ouvre la fenêtre.*)

ADELGONDE. Je n'aurais jamais cru qu'un baron de Wallbeck pût fumer,—et fumer d'une semblable manière!

GUNTHER. Sans doute! sans doute! — Mais cela lui était ordonné.

ADELGONDE. Par le médecin ?

GUNTHER. — A cause de ses maux de dents!

ADELGONDE. C'est bien, c'est bien! (*Elle lui donne un*

petit flacon rempli d'une eau odorante.) Répandez un peu de cette eau ; cela purifiera l'air.

GUNTHER (*le fait*).

ADELGONDE. On voit bien que ce château n'a pas été habité depuis longtemps. Il n'y avait même personne pour me recevoir !

GUNTHER. Monsieur le baron vous fera lui-même ses excuses. Il est tellement accablé de travaux, qu'il est probable qu'il avait totalement oublié le jour de votre arrivée, et il n'avait pas une toilette convenable pour se présenter devant vous.

ADELGONDE. (*s'avance dans la chambre et s'arrête aussitôt*). Fermez la fenêtre, il y a un courant d'air.

GUNTHER (*obéit*).

ADELGONDE. (*Elle examine partout.*) Voilà un beau et noble château : il est digne de la race antique des Wallbeck. (*Elle s'avance encore de quelques pas, et s'arrête de nouveau.*)

GUNTHER (*lui présente un fauteuil*). Veuillez vous asseoir.

ADELGONDE, Il y a toujours une odeur ici!

GUNTHER. De tabac?

ADELGONDE. Non, c'est quelque autre chose.

GUNTHER. Ah! je vois maintenant! ce sont ces vieux livres et ces paperasses qui sont renfermés depuis si longtemps !

ADELGONDE. Vous avez raison. C'est un goût de moisi. Donnez-moi mon petit flacon! Ainsi, le baron Wallbeck aime les livres ?

GUNTHER. Au-dessus de tout ; il ne vit que dans les livres. (*Se reprenant.*) C'est-à-dire, pas toujours ; il y a des moments où il n'en peut voir aucun. (*A part.*) Je commence à m'embrouiller dans les deux barons.

ADELGONDE. (*Elle époussète avec le coin de son mouchoir de poche le fauteuil et s'assied.*) Il ne vit que dans les livres ? Je crois bien que c'est là une maladie que les anciens Wallbeck ne connaissaient pas.

SCÈNE IV.

LES MÊMES, HAGEN (*à droite, en redingote*).

HAGEN. (*Il s'incline profondément.*) Ma bonne demoiselle !

ADELGONDE. (*Elle se lève cérémonieusement ; en français.*) Mon cher cousin, je suis bien charmée de vous voir.

HAGEN. Croyez-bien que j'apprécie vivement l'honneur... (*A part.*) Je ne veux pas lui parler le français, mais si je lui parlais latin ou grec.

ADELGONDE. (*Elle s'assied et lui fait signe de s'asseoir.*)

GUNTHER (*à demi-voix*). Est-ce que vous n'avez pas un habit ?

HAGEN (*à demi-voix et restant toujours debout*). Est-ce qu'un habit est nécessaire ?

GUNTHER (*avec un profond soupir*). Hélas ! Mon Dieu ! Adressez-lui maintenant la parole. (*Il sort sans bruit.*)

HAGEN. Certainement ! Tout de suite ! (*Haut.*) Avez-vous eu beau temps dans votre voyage ?

ADELGONDE *(en français)*. Très-beau temps, seulement il faisait un peu chaud.

HAGEN. Oui, il fait diablement chaud !

ADELGONDE. (*Elle semble offusquée.*)

HAGEN *(embarrassé, s'essuie la sueur du front)*. Cela veut dire qu'il fait très-chaud, et que l'on sue même jusque dans les appartements.

ADELGONDE *(se levant à demi)*. Est-ce que vous ne voulez pas vous asseoir.

HAGEN *(il s'assied)*. Avec plaisir ; dans une société aussi charmante...

ADELGONDE. (*Elle fait aller son éventail*).

HAGEN. (*Il remue son siége ; pause*). Vous..... — (*il s'arrête*).

ADELGONDE. Comment ?

HAGEN. Vous vouliez dire quelque chose ?

ADELGONDE. Puisque vous aviez commencé à me parler ; — continuez.

HAGEN. Je vous en prie, — parlez la première, — on doit toujours céder le pas aux dames.

ADELGONDE *(hausse les épaules)*. Le testament de mon oncle défunt m'ordonne de me trouver avec vous aujourd'hui dans ce vieux château de famille des Delmenhorst et des Wallbeck.

HAGEN. Ah !

ADELGONDE. Le testament dont vous avez reçu copie vous impose cette même condition.

HAGEN. Oui ! certainement ! sans doute ! C'est pour cela aussi que je suis ici.

ADELGONDE; Vous voyez que j'obéis à la volonté du défunt.

HAGEN. Vous êtes bien aimable (*riant*). Oui! oui; les testaments de ces vieux messieurs occasionnent souvent de drôles de situations.

ADELGONDE. Que voulez-vous dire?

HAGEN. J'ai vu dans les archives plusieurs de ces vieux testaments, et je vous dis qu'ils renferment souvent des conditions fort drôles.

ADELGONDE. Monsieur!

HAGEN. Je puis vous assurer qu'elles renferment les choses les plus ridicules. C'est une fantaisie qui paraît propre aux gens riches, de vouloir disposer, pour l'avenir, de la vie et de la manière de se conduire de leurs héritiers.

ADELGONDE. La prévoyance paternelle doit souvent s'inquiéter de l'avenir et du bonheur de ceux qui leur appartiennent.

HAGEN. Sans doute, c'est bien de s'occuper du bonheur de ses enfants; mais cela réussit souvent fort mal. Lorsque j'étais à l'université...

ADELGONDE. Vous avez étudié?

HAGEN. J'ai joliment pioché, Mademoiselle!

ADELGONDE. — Je ne comprends pas ce que vous me dites.

HAGEN. Oh! c'est que c'est une expression d'étudiant, piocher veut dire travailler avec ardeur.

ADELGONDE. C'est bien allemand cela? (*Elle dit ces mots en français*).

HAGEN. Oui ! c'est du bon allemand, ne trouvez-vous pas qu'il y a quelque chose de poétique dans cette expression. Vous pouvez parler le français, si vous voulez ; je le comprends assez bien, mais je n'ai pas l'habitude de le parler.

ADELGONDE. — On a cependant l'habitude d'exiger de tout homme bien élevé la connaissance de la langue française ; c'est là la base d'une bonne éducation.

HAGEN. Hélas! Les nobles Allemands feraient bien mieux de rester Allemands, de conserver leurs sentiments allemands, et de ne pas adopter des manières étrangères.

ADELGONDE. — Ce sont là des idées à vous.

HAGEN. Et qui ne conviennent pas aux dames, sans doute; vous pouvez avoir raison. J'ai moi-même appris le français, mais au collége comme à l'université, on s'occupe bien plus des langues mortes, et on néglige par conséquent les autres.

ADELGONDE. Qu'avez-vous étudié?

HAGEN. Le droit, mademoiselle ; mais l'histoire est mon étude favorite et je suis occupé maintenant de travaux historiques. (*Il allume son cigare.*)

ADELGONDE. Sur l'histoire ancienne ?

HAGEN. Non, sur l'histoire du moyen-âge. — J'aime beaucoup le moyen-âge, et vous, mademoiselle?

ADELGONDE. Est-ce que vous avez encore mal aux dents ?

HAGEN (*fumant*). Moi ? Jamais je n'y ai eu mal, Dieu merci ! je suis sain dans tous mes membres.

ADELGONDE (*à part*). Son domestique a cherché sans doute à l'excuser.

HAGEN. Mais nous avons perdu de vue le testament. Nous disions donc que dans ce testament le père d'un de mes amis avait ordonné.

ADELGONDE (*l'interrompant toujours*). Est-ce que vous n'êtes pas décidé à vous tracer un plan de conduite pour l'avenir ?

HAGEN. Cela dépend ! A moins d'un motif particulier, je ne tiens pas à changer mon genre de vie.

ADELGONDE. Je croyais que vous aviez l'intention de faire valoir vos propriétés vous-même ?

HAGEN. Mes propriétés ? (*Il se reprend.*) Certainement mes propriétés. (*Il rit.*) Ces propriétés sont quelquefois une drôle de chose.

ADELGONDE. Que voulez-vous dire ?

HAGEN (*à part.*) Diable, il ne faut pas trop m'avancer !

ADELGONDE. Vous ne me répondez pas ?

HAGEN. Voyez-vous, je viens de quitter la ville et je ne me sens aucun goût pour l'agriculture.

ADELGONDE. Cependant ce qu'il y a de mieux pour un noble, c'est de vivre sur ses terres et d'être le père de ses vassaux.

HAGEN. Vous avez raison, — je pense comme vous ! Mais je voulais vous parler du testament de mon ami.

ADELGONDE. Vous avez très-peu connu notre bon oncle défunt Delmenhorst ?

HAGEN. Très-peu, très peu, — j'en ai comme un vague souvenir ; — je n'étais qu'un enfant quand je l'ai vu.

ADELGONDE. C'est cela ! Vous n'aviez que trois ans lors que nos familles se réunirent pour la dernière fois à Delmenhorst ; — et je me rappelle fort bien de vous.

HAGEN. Cela devait être; car vous étiez déjà grande à cette époque.

ADELGONDE (*piquée*). Oui, mon éducation, à ce moment, était déjà plus complète qu'elle ne l'est souvent chez d'autres personnes d'un âge plus avancé.

HAGEN (*toujours sans faire attention*). Oui, oui, les femmes se développent plus vite que nous autres ;—mais aussi elles se fanent plus rapidement.

ADELGONDE. (*Elle se détourne et joue avec son éventail en s'efforçant de rire.*) Mon cousin, on ne parle jamais devant les dames de leur âge et de leur temps passé.

HAGEN. Vous avez raison, c'est contre les convenances; mais j'espère bien que vous ne prenez pas cela pour vous ; — vous n'êtes pas encore...

ADELGONDE (*vivement*). Brisons-en là.

HAGEN. Soit, quittons ce sujet; mais avec tout cela vous ne savez toujours pas ce que contenait le testament de mon ami. D'après l'intention formelle de son père, il devait...

ADELGONDE. (*Toujours plus impatiente, et qui fait son possible, du reste, pour arrêter sa colère.*) Mon oncle défunt Delmenhorst était un excellent homme !

HAGEN. Aussi je n'ai jamais entendu parler mal de lui. Mon ami devait donc, d'après une clause du testament; — qu'en pensez-vous, mademoiselle ?

ADELGONDE. Je pense que je ne suis pas apte à donner des conseils, — et qu'il est temps de me retirer. (*Elle se lève.*)

HAGEN (*se lève*). Si vite;—et on ne vous a pas encore... —Gunther! Gunther!—et on ne vous a pas encore offert de rafraîchissements?

ADELGONDE. Je vous remercie, monsieur le baron, je vous remercie de toute manière.

HAGEN. Vraiment! Je suis honteux de ne pas y avoir pensé plus tôt.

SCÈNE V.

LES MÊMES, GUNTHER.

ADELGONDE. Oh! vous m'avez suffisamment rafraîchie.

HAGEN. Comment cela?

ADELGONDE (*de plus en plus pincée*). Vous fumez d'excellents cigares.

HAGEN. N'est-ce pas vrai? de véritables havanes. C'est ma passion!

ADELGONDE. De véritables havanes? Est-ce que la Havane ne se trouve pas aux Indes occidentales?

HAGEN. Parfaitement, dans l'île de Cuba.

ADELGONDE. Où habitent des peuples sauvages?

HAGEN. Non pas à ce point là; il y a seulement des nègres.

ADELGONDE. Vous voyez, monsieur le baron, que j'avais raison de mettre au rang des nègres ceux qui ne veulent absolument pas reconnaître notre civilisation européenne.

Hagen (*sans s'en apercevoir, et continuant à fumer*). C'est bien cela, Mademoiselle... même Blumenbach affirme.....

Adelgonde. Excusez-moi. Je vous prie de remettre à un autre temps vos remarques sur les hommes non civilisés. Ma voiture est-elle prête?

Gunther. Le cocher n'a pas même dételé.

Adelgonde. C'était d'après mes ordres. (*Froidement et cérémonieusement.*) Monsieur le baron de Wallbeck, j'ai accompli la condition du testament, je suis venue au château de Wallbeck au jour et à l'heure désignés.

Hagen. Croyez-bien que je sais l'apprécier, Mademoiselle.

Adelgonde. Maintenant, j'ai l'honneur de vous faire ma révérence.

Hagen. Mais sans vouloir accepter quelque chose.

Adelgonde. Je dois vous refuser.

Hagen. Alors, si décidément vous ne voulez pas...

Adelgonde (*s'incline profondément et sort*).

Gunther (*ouvre la porte*).

Hagen (*à Gunther*). Est-ce que je dois la reconduire?

Gunther. Mais sans doute.

Hagen (*s'empressant*). Permettez, Mademoiselle (*elle sort*).

Gunther (*seul*). Il y a des choses que l'on peut passer, mais trop c'est trop! Un jeune homme peut être léger, mais cela ne doit pas dépasser les bornes. N'était-ce donc pas assez que M. le baron ait compromis sa santé, qu'il ait gaspillé sa fortune, faut-il encore, qu'au moment de mettre ses affaires en ordre et de chercher à sauver ce que l'on peut sauver, faut-il qu'il se laisse entraîner dans je ne sais quelle aventure, et qu'il nous envoie ce docteur Hagen, qui, sans examiner les affaires, pense pouvoir tout terminer par des écritures, et va prendre des conseils dans de vieilles paperasses (*Il s'approche de la table et lit : Le comté de Bergue a été reconnu par la chancellerie comme fief féminin*). Qu'est-ce que c'est que cela ? Le comté de Bergue? Qu'est-ce que nous avons à faire avec ce comté ? C'est de la seigneurie de Friedau dont il s'agit! Au bout du compte, M. le docteur s'occupe de tout autre chose et ne s'inquiète nullement de nos affaires ! Si mon maître ne m'avait pas recommandé de lui obéir en tout, ma foi je dirais bien à ce docteur ce que je pense!

SCÈNE VI.

GUNTHER, HAGEN.

HAGEN. Dieu soit loué! elle est enfin partie. On peut maintenant recommencer à vivre à son aise.

GUNTHER (*avec une colère sourde, se retenant avec peine*). Il paraît que monsieur le docteur aime très-fort ses aises ?

HAGEN. Oui, mon vieux, très-fort.

GUNTHER. Qu'il les préfère aux intérêts de mon maître !

HAGEN. Que veux-tu dire ?

7.

GUNTHER. Mais cette demoiselle est la prétendue qui est destinée à mon maître.

HAGEN. Je n'en savais rien.

GUNTHER. Ce mariage est sa dernière espérance !

HAGEN. Wallbeck ne m'en a jamais parlé !

GUNTHER. Mais, au moins, vous auriez dû recevoir cette demoiselle d'une toute autre manière.

HAGEN. Comment ! Est-ce que je n'ai pas été poli et convenable ?

GUNTHER. D'une drôle de manière ! Vous lui avez fumé au nez !

HAGEN. Elle aime cela.

GUNTHER (ironiquement). Vraiment !

HAGEN. Elle a fait l'éloge de mes cigares.

GUNTHER (vivement). Monsieur le docteur, avec le respect que je vous dois, — je vous dirai que vous avez trop peu de soin des affaires de mon maître.

HAGEN. Gunther !

GUNTHER. Il fallait que je vous le dise ! cela m'étouffait !

HAGEN (riant). Est-ce que j'aurais dû, par hasard, épouser la demoiselle ?

GUNTHER. Elle aurait probablement décliné cet honneur !

HAGEN. Gunther, vous devenez grossier.

GUNTHER. Ne le prenez pas en mal, monsieur le docteur ; — je suis un vieux serviteur de cette maison, — et lorsque je la vois marcher aussi rapidement à sa ruine...

HAGEN (*vivement*). Qui est la cause de sa ruine?

GUNTHER (*toujours plus vivement*). Vous! avec tout le respect que je vous dois! Vous ne vous êtes pas seulement occupé jusqu'à présent du procès.

HAGEN. Je m'en occuperai demain!

GUNTHER. Vous n'avez pas terminé la vente de cette propriété?

HAGEN. Cette vente, je ne l'approuve pas.

GUNTHER. Vous n'avez examiné ni les comptes ni les livres.

HAGEN. Je les examinerai après-demain.

GUNTHER. Vous avez blessé la demoiselle!

HAGEN. En voilà un chapelet de fautes que cet homme me reproche!

GUNTHER. Sauf votre respect, ce n'est pas moi, monsieur le docteur, qui vous fait ces reproches; vous ne devez vous en prendre qu'à vous. Mon maître a mis ses affaires entre bonnes mains!

HAGEN (*vivement*). Est-ce qu'elles ne sont pas entre bonnes mains?

GUNTHER. Non, monsieur! sauf le respect que je vous dois.

HAGEN. Ne m'échauffez pas les oreilles. Si vous n'étiez pas un vieillard, — la patience pourrait bien m'échapper. (*Il va vers la porte.*)

GUNTHER. Elle m'a déjà échappé, à moi, — j'ai fait ce que je pouvais, — j'ai dit ce que je devais dire; maintenant je m'en lave les mains.

HAGEN. Allez-vous-en au diable! (*Il sort.*)

Gunther. Nous n'avons pas loin à aller pour le trouver, — nous avons déjà la besace, c'est un bon guide. (*Il sort.*)

CHANGEMENT DE DÉCORATION.

Cour de la prison, comme au deuxième acte.

SCÈNE PREMIÈRE.

WALLBECK, HERMINE, *puis* LE CONCIERGE, *et ensuite* ADELGONDE.

Wallbeck. (*Il s'avance en venant de la maison qui est à droite ; il semble passer avec indifférence et en fredonnant une chanson devant la maison qui est à gauche.*)

Hermine (*paraît un instant à la fenêtre*). Pst ! pst ! (*Elle place son doigt sur sa bouche et disparaît.*)

Wallbeck (*s'approche de la fenêtre et prend un billet qui se trouve dans les fleurs*).

(*On entend la cloche de la porte d'entrée.*)

Le concierge (*sort de sa maison et ouvre la porte*).

Adelgonde. (*Elle entre et demande quelque chose au concierge. Ce dernier lui indique la maison de Friedheim et s'en va.*)

Wallbeck. (*Il lit pendant qu'elle s'avance.*) Le père est sorti à l'entrée de la nuit ; elle viendra ! Merci, fille charmante ! Encore une secrète entrevue ; mais ce sera la dernière ! Combien le secret a de charmes ! — Et cependant nos entrevues sont bien innocentes ! (*Il se retourne et aperçoit Adelgonde.*)

ADELGONDE (*fait quelques pas sur la scène et s'arrête indécise.*)

WALLBECK (*à part*). Une dame ! une apparence distinguée ! Que peut-elle avoir à faire ici ? (*Il s'approche d'elle avec politesse.*) Vous semblez chercher quelque chose ; — puis-je vous être utile ?

ADELGONDE. Je cherche la demeure de l'inspecteur ; le concierge me l'a mal indiquée, et je ne sais pas...

WALLBECK. C'est ce qui arrive souvent dans la vie : — on nous donne de fausses indications, et nous ne savons pas le chemin que nous devons prendre.

ADELGONDE. Que voulez-vous dire par là ?

WALLBECK. N'avez-vous jamais été dans le doute relativement à la direction que vous devez suivre, — sur la manière dont vous deviez agir ?

ADELGONDE. Jamais.

WALLBECK. Jamais !

ADELGONDE. Nous avons pour toutes les situations dans lesquelles nous devons nous trouver un guide qui ne nous trompe jamais. Si on le suit, on ne s'égare pas.

WALLBECK. Et quel est ce guide ?

ADELGONDE. Le devoir.

WALLBECK. Sans doute c'est un bon guide, mais conduit-il au bonheur ?

ADELGONDE. Certainement ! la conscience d'avoir rempli son devoir, c'est le bonheur !

WALLBECK. Tous les hommes ne le cherchent pas là.

ADELGONDE. Aussi tous les hommes ne sont-ils pas heureux.

WALLBECK. Mais il est difficile souvent de suivre son devoir.

ADELGONDE. Jamais pour un noble cœur!

WALLBECK. Le combat ne vous a-t-il donc jamais rien coûté ?

ADELGONDE. Monsieur, vous m'entraînez dans une de ces conversations que l'on a seulement avec des personnes que l'on connaît depuis longtemps et auxquelles on a donné sa confiance.

WALLBECK. Je comprends que je vais trop loin, et je vous en fais mes excuses. C'est si bon de parler, pour un pauvre prisonnier, lorsqu'il trouve quelqu'un qui veut l'écouter!

ADELGONDE (*avec un intérêt toujours croissant*). Vous êtes prisonnier ?

WALLBECK (*riant*). Plus pour longtemps. Si c'est après l'inspecteur que vous demandez, voilà où il demeure, mais il n'est pas chez lui.

ADELGONDE. Et sa fille ?

WALLBECK. Vous la trouverez à la maison.

ADELGONDE. Je vous remercie, monsieur. (*Elle rentre dans la maison de Friedheim*).

WALLBECK (*seul*). Cette figure ne m'est pas inconnue. Où l'ai-je déjà vue ? Il y a dans ces traits un mélange de douceur et de fierté qui me plaît singulièrement. Il est certain que j'ai déjà vu cette dame quelque part. Mais où ? Je n'en sais rien ! Qui peut-elle être, que peut-elle vouloir à Hermine? Hum! du reste, Hermine me le dira.

SCÈNE II.

WALLBECK, RAMSDORF. (*Ce dernier a sa canne et son chapeau, et entre par la droite.*)

Ramsdorf. Cher baron, je viens pour prendre congé de vous.

Wallbeck. Si vite?

Ramsdorf. Ma lettre de change est payée, et il ne m'est plus permis de rester ici, quand même je voudrais vous tenir compagnie.

Wallbeck (*riant*). Ma captivité cesse aussi aujourd'hui, demain matin je serai libre. Je n'ai donc qu'une nuit à passer sans vous.

Ramsdorf. Alors portez-vous bien; — au revoir.

Wallbeck. Hum!

Ramsdorf. Comment!

Wallbeck. Rien!

Ramsdorf. Que signifie ce *hum!*

Wallbeck. Je vous dirai franchement, mon cher Ramsdorf, que nous ne nous reverrons plus si souvent.

Ramsdorf. Comment cela?

Wallbeck. Vous vous moquerez peut-être de moi, — vous êtes libre de le faire; — mais je vous avoue que j'ai pris une résolution.

Ramsdorf. Une résolution?

Wallbeck. Pendant les quinze jours que j'ai passés ici, j'ai eu des heures de solitude qui m'ont permis de

réfléchir plus que je ne l'avais jamais fait. Les livres
du docteur Hagen, que je trouvai ici, ont donné à mes
pensées une direction sérieuse, je pourrais même dire,
salutaire. Franchement, Ramsdorf, la vie que nous avons
menée jusqu'à présent était indigne. Qu'avons-nous fait
en réalité ? Nous n'avons cherché qu'à satisfaire nos
passions, nos fantaisies, nous avons couru après les
jouissances, gaspillant le temps et compromettant notre
santé.

RAMSDORF. Vous y renoncez donc pour l'avenir ?

WALLBECK. Franchement, oui ! Quand un homme
d'honneur s'aperçoit qu'il fait fausse route, il doit revenir sur ses pas. Voyez-vous, Ramsdorf, cette aventure
de la prison est pour moi le commencement d'une autre
existence ! Je n'ai pu m'empêcher de lire quelques-unes
des lettres que la femme de Hagen écrivait à son mari,
et qui sont tombées entre mes mains. Comme ses lettres
sont remplies de nobles sentiments. Quelle adorable pu-
reté dans l'expression de son amour ! J'ai alors compris
ce que c'était que l'amour, combien il peut nous rendre
heureux, et je rougis lorsque je pense à l'opinion que
j'avais sur lui et sur les femmes. Maintenant, moquez-
vous de moi si vous voulez, faites de moi, lorsque vous
serez au milieu de vos amis, le sujet de vos plaisanteries, je ne m'en inquiète guère.

RAMSDORF (*sérieusement*). Loin de vouloir vous railler,
je vois au contraire avec plaisir votre changement.

WALLBECK. Vous !

RAMSDORF. Cela vous étonne ?

WALLBECK. Franchement, oui. Vous êtes mis au nombre des jeunes gens les plus débauchés de notre ville. On dit que vous êtes un de ces hommes qui n'ont que des moqueries pour les résolutions les plus sérieuses.

RAMSDORF. Cela n'est pas toujours vrai : — et surtout lorsque je me trouve en face d'une résolution sérieuse, et que j'ai tout lieu de croire à sa sincérité.—

WALLBECK. Vous approuvez donc mes vues?

RAMSDORF. Entièrement.

WALLBECK. Mais, pardonnez-moi, pourquoi cherchez-vous donc tous ces plaisirs, toutes ces distractions désordonnées, puisque...?

RAMSDORF. Puisque je les considère comme méprisables, voulez vous dire? Mon bon, on peut avec des motifs différents agir de la même manière. Vous vous êtes jeté dans cette vie de désordres par exubérance de jeunesse, parce que vous n'en connaissiez pas une meilleure. Moi, c'est pour un tout autre motif : c'est par découragement, par chagrin.

WALLBECK. Je ne m'explique pas bien cela.

RAMSDORF. J'avais une fortune médiocre. J'aimais une jeune fille appartenant à une famille ancienne, mais peu fortunée. J'en étais aimé, et je la demandai en mariage. Les parents ne trouvèrent pas ma position convenable, et je fus refusé. Je ne perdis pas courage, car l'amour est un puissant aiguillon pour l'homme. Je travaillai cinq ans sans relâche. J'obtins un emploi, je m'élevai, et après ces cinq ans, je demandai encore la main de celle que j'aimais et qui m'était restée fidèle. Je n'avais pas encore une position brillante, mais, enfin, une belle carrière s'ouvrait devant moi.

WALLBECK Et maintenant ?

RAMSDORF (*amèrement*). Le parti pris et l'inflexible orgueil des parents furent plus forts que notre amour et nos prières. La jeune fille devait n'accepter qu'une position brillante et en rapport avec le nom qu'elle portait, ou bien n'en accepter aucune.

WALLBECK. Je comprends maintenant.

RAMSDORF. Je voulus entrer en lutte avec les parents, je voulus enlever celle que j'aimais, elle résista et ne consentit pas à me suivre. Alors le découragement et le chagrin s'emparèrent de moi. L'amour avait été l'unique but de ma vie. C'était pour l'amour que j'avais combattu et souffert. Lorsque j'ai dû renoncer à toutes mes espérances, mon âme fut atteinte en ce qu'elle avait de plus intime ; elle en fut brisée. Je me jetai dans les désordres pour m'oublier moi-même. Maintenant ma vie est sans but, elle n'a plus aucun prix pour moi. Des circonstances extraordinaires auraient peut-être pu me faire sortir de mon découragement, mais ces circonstances ne se sont jamais présentées.

WALLBECK. Il y a des choses que je m'explique maintenant. Je n'avais jamais vu personne portant dans les plaisirs une physionomie aussi triste que la vôtre.

RAMSDORF. Plaisir? Nous nous trompons, Wallbeck, nos maisons de jeu, nos orgies, ne peuvent nous offrir aucun plaisir réel; elles nous surexcitent seulement, et l'affaiblissement qui en résulte rend nécessaires de nou-

velles excitations. Ah! Wallbeck, la joie, le bonheur sont
toute autre chose.

WALLBECK. Maintenant, je vous comprends parfaitement. Et n'avez-vous jamais revu celle que vous ai-
miez ?

RAMSDORF. Jamais! Je ne lui avais pas pardonné de
n'avoir pas voulu me suivre malgré ses parents, et d'a-
voir faibli dans son amour.

WALLBECK. Vous êtes trop sévère! Lorsque la lutte
s'établit entre le devoir et l'amour, quel que soit celui
qui l'emporte, il n'y a pas lieu de condamner.

RAMSDORF. Maintenant je suis plus indulgent. Je lui
fis croire que j'étais parti pour l'Amérique, et je n'ai
plus cherché à avoir de ses nouvelles. Mais en voilà
assez; tous ces souvenirs me font mal. Adieu! Maintenant, nous reverrons-nous quelquefois ?

WALLBECK (*lui serre la main*). Certainement. Adieu!

RAMSDORF (*sort*).

WALLBECK (*seul*). Je n'aurais jamais été chercher du
sentiment dans un homme aussi sombre. Je vois par là
qu'on ne doit jamais juger quelqu'un, avant de savoir
pourquoi il est devenu ce qu'il est.—Ainsi donc, c'est la
dernière nuit que je dois passer dans ces murs! Ce départ m'attriste. J'ai trouvé ici, je l'espère bien, le bonheur
de ma vie! Je pourrais bien être inquiet de ce que Hagen
ne m'a pas écrit; mais je le connais, il écrira plutôt un livre
qu'une lettre, et comme il est maintenant plongé dans
toutes ses vieilles paperasses, il ne pense plus à autre
chose. Dans tous les cas, il doit revenir demain, et je

saurai à quoi m'en tenir. Qu'avait-il, du reste, à m'écrire? La vente de mes biens était en train. Peut-être s'est-il fait donner quelques milliers de thalers de plus, et demain il m'apportera le contrat pour que je le signe. Celle qui m'est destinée est sans doute venue à Wallbeck? Qu'aura-t-il fait d'elle? Le vieux Gunther l'aura certainement averti de ce qu'il en était. J'avais oublié totalement de le faire. Cette entrevue était cependant le motif principal pour lequel je voulais qu'il prît ma place. Bah! demain, je saurai tout ce qui s'est passé. Mais il commence à faire sombre, et l'étrangère est toujours près d'Hermine. Il faut cependant que dans une heure je sois rentré. Si elle allait la retenir et me priver de cette dernière entrevue? Mais non, je l'entends parler; elle se dispose à partir. (*Il se met de côté.*)

SCÈNE III.

WALLBECK, HERMINE, ADELGONDE (*sortant de la maison.*)

(*Il commence à faire sombre*).

ADELGONDE. Demain matin à neuf heures!

HERMINE. Je serai exacte, mademoiselle, comptez sur moi. Vous ne pouvez pas vous tromper de maison.

ADELGONDE. Conseille ton père. Il sera bien mieux sur mes propriétés que dans cette triste prison.

HERMINE. Certainement, certainement, l'emploi qu'il a ne lui convient que tout juste, et il acceptera avec plaisir l'offre bienveillante que vous lui faites.

(*Elles se dirigent en parlant vers la grand'porte d'entrée que le concierge est venu ouvrir, Adelgonde sort en prenant congé amicalement d'Hermine. Le concierge ferme de nouveau et sort.*)

WALLBECK. La voilà enfin partie. Dirai-je à Hermine mon nom avant de la quitter? Non, non; elle l'apprendra plus tard. Il est si bon d'être aimé pour soi-même, et non pour son rang et sa fortune. Pour ma fortune. — Je plaisante sans doute? — Qu'importe! Je me sens maintenant fort et courageux; je travaillerai, et cela vaut mieux que de la fortune : j'ai appris à mes dépens qu'elle se perdait trop facilement.

HERMINE (*revenant*).

WALLBECK. Pst! pst!

HERMINE (*doucement*). Où êtes-vous?

WALLBECK (*se rapproche d'elle*). Ici!

(*Ils s'éloignent tous les deux de la maison*).

WALLBECK. Je craignais déjà que vous ne fussiez retenu. Quelle était cette dame?

HERMINE. Vous êtes trop curieux, monsieur? Que vous fait cette dame?

WALLBECK. Rien! sinon qu'elle m'a privé de votre société.

HERMINE. Hum! hum! Vous avez cependant causé avec elle.

WALLBECK. Un instant!

HERMINE. C'est un instant qui a duré longtemps, la dame a eu le temps de graver vos traits dans son esprit!

WALLBECK. Vraiment!

HERMINE. Sans doute! Elle me fit des questions sur vous, il lui semblait qu'elle vous avait déjà vu.

WALLBECK. Vraiment! Elle m'a fait le même effet. Qui est-elle donc?

HERMINE (*en le taquinant*). Taisez-vous; d'abord je ne veux pas vous le dire! Dois-je vous donner moi-même les moyens de m'être infidèle?

WALLBECK. Infidèle! moi, à vous! Vous ne croyez pas à ce que vous dites? Mais le temps nous est compté. Il me faudra rentrer bientôt dans ma cellule, et je dois prendre congé de vous.

HERMINE (*tendrement*). Mais cela n'est pas pour long-temps!

WALLBECK. Certainement! Chaque heure de sépara-tion me semblera une éternité : mais, je trouverai bien moyen de la rendre moins longue.

HERMINE. Avez-vous pris une ferme résolution?

WALLBECK. Ce que je ferai dépendra de vous. Je vous ai dit franchement qu'elle avait été ma vie, les folies que j'avais faites ; maintenant c'est à vous à décider.

HERMINE. Non! non! je ne voudrais pas me permettre de donner des conseils à un homme sur ce qu'il doit faire.

WALLBECK. Écoute, ma bien-aimée : Je ne suis pas si pauvre que je l'ai dit. Des débris de ma fortune je sau-verai encore assez pour pouvoir acheter une petite pro-priété à la campagne ; je cultiverai moi-même ; veux-tu être ma femme?

HERMINE. Puis-je désirer autre chose.

WALLBECK. Mon plan te convient-il?

HERMINE. Tout ce que vous faites est bien fait.

WALLBECK. Demain donc je commence à mettre mon plan à exécution. Nous ne serons pas riches —mais nous serons heureux.

HERMINE.— A condition que vous resterez ce que vous êtes, que vous ne cesserez pas de m'aimer.

WALLBECK. Ne plus t'aimer ! cela ne serait pas possible. Je suis lié à toi par des liens trop forts. Je n'aurais jamais cru que cela fût possible ! Si tu ne les délies pas toi-même, il me sera impossible de les briser.

HERMINE. O! mon ami, vous pouvez être tranquille à cet égard. Une femme renonce à tout plutôt qu'à son amour.

LE CONCIERGE (*sort de sa maison avec une lanterne et un trousseau de clef, et il examine les portes*).

WALLBECK (*pressé*). Voilà le concierge qui vient pour me renfermer ; — ainsi donc, adieu. Lorsque j'aurai arrangé mes affaires, — je viendrai trouver ton père et je lui demanderai ta main.

HERMINE. Il me semble que je dois lui parler avant.

WALLBECK. Cela est-il nécessaire?

HERMINE. Je crois qu'il serait mal de lui cacher la chose la plus importante de ma vie. Il sera bien étonné, et moi-même réellement, je ne me comprends pas. Je ne sais en vérité pas ce que vous avez fait pour me changer d'une telle façon. J'étais tranquille, — sérieuse, — et maintenant...

WALLBECK. Et maintenant ?

HERMINE. Je suis gaie, — joyeuse, et j'aimerais à faire retentir les airs de mes cris de joie !

WALLBECK. C'est la puissance de l'amour, ma chère enfant. (*Il la serre sur son cœur.*)

LE CONCIERGE (*s'approche*).

HERMINE. (*Il vient.*) Partez, partez. (*Elle s'échappe de ses bras.*)

WALLBECK (*l'embrasse*). Allons, encore une fois ; bientôt il n'y aura plus de concierge pour nous séparer ! Bonne nuit !

HERMINE (*s'élance dans la maison*). Au revoir !

WALLBECK. Fais de doux rêves, mon ange ! (*Il rentre dans la maison, à droite.*)

LE CONCIERGE (*va du même côté*).

ACTE QUATRIÈME

Une chambre comme au premier acte.

SCÈNE PREMIÈRE.

MATHILDE.

Mathilde (*Elle prête l'oreille*). Encore rien ? Folle que je suis. J'ai hâte de le revoir et l'attente fait battre mon cœur. — Et lui ? Oh ! il ne connaît rien à toutes ces inquiétudes de l'âme, à tous ces désirs ! Il ne m'a pas seulement écrit, il n'a pas même répondu à mes lettres et pourtant elles étaient bien bonnes, bien tendres ! Il m'en avait prévenu, je le sais bien, mais je n'aurais jamais cru cependant qu'il le ferait. Quand je pense qu'il n'a pas seulement trouvé une parole amicale pour me répondre. Cela me fais mal. Arrière ces tristes pensées. Je ne l'en accueillerai pas moins de tout cœur, il ne faut pas que des reproches viennent troubler le bonheur que nous aurons à nous retrouver ensemble... J'entends marcher ? Ce n'est pas son pas ? (*On frappe*). Entrez !

SCÈNE II.

MATHILDE, WALLBECK.

Mathilde. (*Elle recule d'un pas en jetant un cri*) Ah ! (*d'un ton de reproche*). Monsieur le baron !

WALLBECK. (*Il s'arrête sur le seuil de la porte, d'un air suppliant*). M'avez-vous pardonné?

MATHILDE. Je ne sais pas trop.

WALLBECK. Répondez-moi franchement, m'avez-vous pardonné? La franchise de mes aveux m'a-t-elle fait trouver grâce auprès de vous?

MATHILDE. A vous dire vrai, sans doute, votre lettre a désarmé ma colère, — je vous ai pardonné; — seulement je ne m'attendais pas à vous revoir.

WALLBECK. Vous avez raison; — et pourtant, noble femme, pour que votre pardon soit entier, il faut que vous supportiez ma présence encore un instant. Depuis le soir où je vous ai vue, je suis devenu tout autre. Je vous en remercie. La pensée d'avoir ramené sur le bon chemin un insensé, ne pourra vous être pénible, et peut-être ne m'interdirez vous plus votre maison?

MATHILDE. Je ne vous comprends pas trop bien. Je dois vous faire remarquer que mon mari n'est pas encore de retour de son voyage, que je l'attends à tout moment; — écoutez... le voilà, — il arrive —(*Elle s'avance vers lui*).

SCÈNE III.

LES MÊMES, HAGEN.

MATHILDE (*lui sautant au cou*). Enfin, te voilà, mon bon ami!

HAGEN (*la serre dans ses bras*) Oui, me voilà, Mathilde, et tout entier encore, tel que je suis parti!

WALLBECK. Soyez le bienvenu.

MATHILDE. Et comment as-tu supporté la solitude?

WALLBECK. Avez-vous fait un bon voyage ?

MATHILDE (*à part*). J'étais sur le point de commettre une imprudence !

HAGEN (*gaîment*). Un voyage charmant ! un temps superbe ! Si vous saviez, cher baron, comme ce pays est beau, comme ces vallées de la Thuringe, qui se perdent dans les bois, sont magnifiques ! Je n'ai jamais fait un voyage qui m'ait fait tant de plaisir.

MATHILDE (*à part*). Il ment avec un aplomb... je ne l'en aurais jamais cru capable !

WALLBECK. N'est-ce pas, c'est un beau pays ?

HAGEN. Et les habitants, donc, quelle belle race ! quelle nature vigoureuse, et puis, ils sont simples, primitifs. Oh ! j'ai appris beaucoup de choses.

MATHILDE (*à part*). Je suis confondue ! Autrefois l'idée d'un mensonge l'aurait fait rougir.

WALLBECK. Mais je vous dérange, après une absence on a toujours beaucoup de choses à se dire.

HAGEN. Restez, baron, qu'est-ce que c'est que quinze jours de séparation ; j'ai bien le temps de causer avec ma femme.

MATHILDE. Soyez tranquille à cet égard, monsieur le baron, mon mari n'a pas l'habitude d'être très-communicatif avec moi... Je puis attendre, j'y suis accoutumée.

HAGEN. Mais quant à vous, baron, j'ai à vous communiquer quelque chose. Fais-nous donc préparer quelque chose pour manger, chère Mathilde.

MATHILDE (*froissée*). Je m'aperçois que tu veux être

seul. Je vais faire ce que tu me dis. (*Elle s'incline vis-à-vis de Wallbeck, et sort*).

WALLBECK. Votre femme est froissée.

HAGEN. Mais non!

WALLBECK. Je l'ai bien vu! Vous ne vous occupez pas assez d'elle.

HAGEN. Bah! c'est ma manière habituelle; nous n'en sommes pas moins bien ensemble pour cela.

WALLBECK. Faites-y attention! lorsqu'on néglige une jeune femme, on s'expose à ce qu'elle aille chercher ses distractions ailleurs.

HAGEN. Je connais ma femme, c'est de l'or. Mais venons à nos affaires. Tout s'est-il bien passé?

WALLBECK. En prison, oui! on n'a rien soupçonné, j'ai admirablement tenu votre place.

HAGEN. Je vous suis alors redevable, — car moi, je le crains fort, je n'ai pas très-bien joué votre rôle.

WALLBECK. Comment cela? Comme vous ne m'écriviez pas, — je croyais que tout allait pour le mieux.

HAGEN. Je dois vous avouer franchement que j'ai fait une grosse sottise. Il m'arriva un jour une demoiselle de Delmenhorst.

WALLBECK. J'avais oublié de vous en parler.

HAGEN. Je le sais bien, c'est seulement plus tard que le vieux Gunther m'apprit que la dame était l'épouse que l'on vous avait désignée. Mais — je dois m'être très-mal acquitté de mon rôle de prétendant, — (*humblement*) je ne me fais pas l'effet de lui avoir plû beaucoup.

WALLBECK. Comment cela?

9

HAGEN. Elle repartit immédiatement, et quelques jours après j'ai reçu une lettre d'elle. Cette lettre, je l'ai lue, car je la prenais pour une lettre d'affaires.

WALLBECK. Voyons cela ! (*Il lit la lettre.*) « Monsieur
» le baron ! Notre entrevue m'a convaincue que nos
» caractères et nos manières de voir ne pouvaient pas
» s'accorder ensemble ; je profite donc de la faculté
» que me donne le testament et je vous déclare que
» je ne suis pas décidée à réaliser le vœu de défunt
» mon oncle. Vous pouvez donc faire valoir les préten-
» tions que vous avez à l'héritage de notre parent com-
» mun.

» Adelgonde de Delmenhorst. »

(*Riant.*) Mais c'est admirable ! cher docteur !

HAGEN. Comment ?

WALLBECK. Vous ne pouviez pas me rendre un plus grand service.

HAGEN. Gunther me disait pourtant que ce mariage était votre dernière espérance ?

WALLBECK. C'est vrai, cher ami, il en était ainsi, mais à l'heure qu'il est, j'ai bien d'autres espérances. Maintenant, c'est Adelgonde qui me refuse, et je ne suis heureusement plus forcé de lui faire l'impolitesse de la refuser. Quant aux prétentions que d'après le testament je puis avoir, je les abandonne, car en réalité elle a été trompée ! Docteur ce que vous avez fait est très-bien.

HAGEN. Parce que je n'ai pas su plaire à cette dame? Vous riez sans doute ! N'importe, j'aime encore mieux cela que vos reproches, que j'avais lieu de craindre.

WALLBECK. Mais l'autre affaire? Avez-vous vendu la propriété de Wallbeck? L'avez-vous vendue avantageusement? M'apportez-vous de l'argent?

HAGEN. Non.

WALLBECK. Vous ne m'en apportez pas?

HAGEN. Je n'ai pas vendu la propriété.

WALLBECK. Et pourquoi? C'était cependant ma dernière ressource!

HAGEN. L'acheteur n'a pas voulu tenir compte des archives et j'ai brisé le marché. Voyez-vous baron, vous avez eu tort d'oublier ces archives, c'est moi qui vous le dis, elles renferment des trésors, — des trésors!

WALLBECK (contrarié). Que voulez-vous que je fasse de ces vieilles paperasses? Vous avez eu tort de ne pas vendre la propriété.

HAGEN. Vieilles paperasses! Savez-vous ce que j'ai trouvé dans ces vieilles paperasses? Eh bien, j'y ai trouvé des pièces, qui donneront à votre procès de Friedau une toute autre tournure!

WALLBECK. Que dites-vous?

HAGEN. Votre adversaire est un homme d'honneur; comme il est convaincu maintenant de l'existence de ces pièces dont il avait douté jusqu'à présent, il a changé d'avis et il vous offre une transaction. Si vous l'acceptez, vous pourrez débarrasser la propriété de Wallbeck de toutes ses dettes. Ces vieilles paperasses sont donc utiles à quelque chose! Maintenant vous voyez que nous avons bien fait de changer de rôle!

WALLBECK (*touché*). Hagen, — c'est à vous que je dois tout cela — et j'avais pu penser... ah! c'était bien mal.

HAGEN. Quoi!

WALLBECK. Rien, nous en parlerons plus tard,—(*avec joie*) je puis donc conserver Wallbeck, le château de mes ancêtres, que j'avais si follement compromis. Je ne suis plus pauvre maintenant, je n'ai plus besoin de m'inquiéter, de me tourmenter. Vraiment, c'est plus que je ne mérite.

HAGEN. L'homme d'affaires de votre adversaire est venu avec moi. Si vous voulez lui parler, on pourrait terminer cette affaire immédiatement.

WALLBECK. Venez, venez, je suis décidé à terminer de suite, je ne veux plus d'incertitude.

HAGEN. Je veux aller avec vous, afin de surveiller vos intérêts. Dans la disposition d'esprit où vous vous trouvez, vous accorderiez plus qu'il ne serait nécessaire (*Il veut sortir*).

WALLBECK. Et votre femme, vous ne lui dites pas adieu?

HAGEN. A quoi bon, nous serons de retour dans une demi-heure.

WALLBECK (*secoue la tête*). Vous êtes toujours le même, vous la négligez trop! Hagen, je suis votre obligé, sans vous je serais pauvre; cependant, pour vous prouver ma reconnaissance, je vous ferai tout à l'heure un aveu qui probablement amènera entre nous une séparation; mais je dois vous ouvrir les yeux.

HAGEN. Un aveu?

WALLBECK. Venez ! je vous le ferai en route, mais pas ici (*il sort*).

HAGEN. Je suis curieux de savoir ce qu'il va me dire ! (*Tous deux sortent par le jardin*).

SCÈNE IV.

MATHILDE, FRIEDHEIM. (*Ils entrent par la droite*).

MATHILDE. Entrez, Monsieur (*elle regarde autour d'elle*). Tiens, ils sont partis ! — et sans me dire adieu ! (*Soupirant et à part*). Et cependant il y a quinze jours qu'il ne m'a pas vue !..

FRIEDHEIM. Je désire parler à M. le docteur Hagen.

MATHILDE. Je m'aperçois à l'instant même qu'il est sorti. Peut-être puis-je vous donner quelques renseignements ?

FRIEDHEIM. Je ne le pense pas, c'est une chose qui ne regarde que M. Hagen personnellement, et il ne voudrait peut-être pas que cela fût connu.

MATHILDE. Cependant cela m'étonne beaucoup, mon mari n'a pas ordinairement de secrets pour moi.

FRIEDHEIM (*effrayé*). Que dites-vous ? votre mari ?

MATHILDE. Sans doute !

FREIDHEIM. Le docteur Hagen est donc marié ?

MATHILDE. C'est moi qui suis sa femme !

FRIEDHEIM. Qui... où ai-je la tête... cela est-il possible ?

MATHILDE. Je ne vous comprends pas (*Elle recul e un peu*).

FRIEDHEIM. Docteur Hagen, rue Antoine, N° 552?

9.

MATHILDE. C'est bien ici.

FRIEDHEIM. Qui est resté quinze jours en prison ?

MATHILDE. Comment le savez-vous ?

FRIEDHEIM. Est-ce lui ?

MATHILDE. Oui.

FRIEDHEIM. Qui a été mis en liberté aujourd'hui ?

MATHILDE. Oui, il y a une heure qu'il est sorti de prison.

FRIEDHEIM. Oui! oui! tout se rapporte! (*Dans le plus grand trouble, qu'il cherche à dominer*). Eh bien! madame Hagen! je dois vous dire que vous avez pour mari un fameux sujet!

MATHILDE. Vous êtes-bien hardi? Qui êtes-vous ?

FRIEDHEIM. Oh! je ne vous dis que la vérité! Cet homme vient en prison, il fait comme s'il n'était pas marié, et noue une intrigue d'amour avec ma fille!

MATHILDE, Mon mari?

FRIEDHEIM. Oui! votre mari! Il lui promet le mariage et toutes sortes de belles choses.

MATHILDE (*très-épouvantée*). Mon mari?...

FRIEDHEIM. Oui, votre mari! puisque vous êtes réellement madame Hagen! C'est donc pour ce motif qu'il a tant insisté pour que personne ne connaisse son nom, c'est donc aussi pour cela qu'il l'a caché à ma fille, afin de ne laisser aucune trace de son indigne conduite!

MATHILDE. Cela n'est réellement pas possible...

FRIEDHEIM. Oh! tout est possible dans ce monde, tous les jours nous apprenons quelque chose de nouveau! Lorsqu'il fut parti ce matin de la prison, ma fille me découvrit qu'il lui avait promis de l'épouser! La chose me parut immédiatement louche; la bonne et vieille habitude est de s'adresser d'abord aux parents, et de ne pas agir à leur insu. C'est pour cela que je me suis mis immédiatement en route, pour apprendre du monsieur quelles étaient ses vues et sa position. Il avait caché son nom à mon enfant, mais je l'avais sur ma liste, c'est ce fameux monsieur Bruno Hagen.

MATHILDE. Bruno! Bruno! Aucun doute n'est plus possible! C'est épouvantable, je le croyais cependant si franc, si loyal, si incapable de tromper!

FRIEDHEIM. Une belle franchise, une belle loyauté, de se faire un jeu de tromper des jeunes filles, de leur remplir l'esprit d'idées chimériques... Ma pauvre Hermine!

MATHILDE. Hermine?

FRIEDHEIM. Oui, c'est le nom de ma bonne enfant, qui versera bientôt des larmes à cause de ce misérable. Oui, c'est une bonne enfant, car elle ne sait rien cacher à son père.

MATHILDE. Vous vous appelez donc Friedheim?

FRIEDHEIM. C'est mon nom, pour vous servir! Je suis maintenant inspecteur de la prison; j'étais officier, et je sais ce que c'est que l'honneur. Je ferai voir à M. le docteur ce que c'est que d'outrager une jeune fille; je l'arrangerai comme il le mérite.

MATHILDE. Permettez à Hermine de venir me voir!

FRIEDHEIM. Vous connaissez donc mon enfant?

MATHILDE. Depuis la pension où nous avons été ensemble.....

FRIEDHEIM. Vous êtes donc cette amie, sa petite Mathilde, dont elle m'a tant parlé? Elle ignorait votre autre
nom.

MATHILDE. Oui! oui! Mais c'est terrible! Je suis indi-
gnement trompée. C'est sans doute pour cela qu'Hermine ne se faisait plus voir chez moi.—Voilà pourquoi je
l'ai inutilement attendue pendant quinze jours. —
Elle avait mieux à faire que de venir me voir !

FRIEDHEIM. Si vous êtes trompée, ce n'est que par votre
mari; mon enfant est innocente, elle ne pouvait se douter
d'une semblable chose.

MATHILDE (avec force). Faites-la venir, il faut que je
lui parle, je veux qu'elle me dise tout.

FRIEDHEIM. J'y consens, je vais la chercher. Je me pro-
curerai en même temps des témoins, et j'espère bien, à mon
retour, trouver ici le docteur Hagen. (Il va pour sortir
et revient). Croyez bien, madame Hagen, que je regrette
d'avoir été obligé de vous occasionner ce chagrin, mais
comme père, j'ai dû agir ainsi, ne m'en voulez pas (il
sort).

MATHILDE (l'approuve d'un signe de tête), (seule). Qui
m'aurait dit cela il y a une heure! Le bonheur de ma vie est
brisé comme par un coup de foudre! Une telle dissimula-
tion est-elle possible? Quelle fausseté! Je n'aurais pas
reculé devant les plus grands serments pour affirmer sa
sincérité! Déjà, lorsque tout à l'heure je l'ai vu mentir
avec tant d'aplomb sur son prétendu voyage, j'en fus
tout épouvantée. Je ne le croyais pas capable de
mentir. Maintenant je m'explique son indifférence, sa

froideur; il y a longtemps, sans doute, qu'il a assez de moi, et que ses désirs se portent ailleurs. Ah ! le voici !

SCÈNE V.

MATHILDE, HAGEN (*il arrive par le jardin*).

HAGEN (*gai et tendre*). Me voici enfin, ma bonne petite femme; maintenant nous ne serons plus dérangés, et tu vas me raconter tout ce qui t'est arrivé pendant ces quinze jours que j'ai été obligé de passer loin de toi (*il veut la serrer dans ses bras*).

MATHILDE (*se recule*). O ! Monsieur ! ne vous donnez pas la peine de feindre une amitié que votre cœur ne ressent pas, ne cherchez pas, par vos caresses, à me cacher les mauvais sentiments qui vous agitent.

HAGEN (*stupéfait*). Qu'est-ce que cela ?

MATHILDE. Vous êtes démasqué, je sais tout ! infidèle, suborneur de jeunes filles !

HAGEN. Qu'est-ce que tu sais donc ?

MATHILDE. Je ne vous aurais jamais cru si infâme. Je n'aurais jamais pensé qu'il y eût des hommes aussi misérables ! C'était donc pour cela que je ne devais pas vous visiter en prison; — il fallait que vos amours ne fussent pas troublées; —voila pourquoi vous n'aviez pas même le temps de m'écrire un petit mot d'amitié, c'était bien meilleur n'est-ce pas d'écrire des billets de tendresse à une autre.—Je comprends maintenant votre amitié pour ce Wallbeck qui n'a ni foi ni loi.

HAGEN (*dans le plus grand étonnement*). Moi, je ne comprends rien à toutes tes paroles! Mais dis-moi donc enfin ?...,

MATHILDE. (*Tour à tour se laissant aller à la colère et la dominant.*) Ne croyez pas que je vais fondre en larmes; —que je me laisserai dévorer par le chagrin.—Non, non, je suis plus forte que cela ; — j'ai de l'orgueil, vous avez arraché de mon cœur jusqu'à la dernière racine de mon amour, — je vous méprise !.

HAGEN. Mais, au nom du diable! — dis-moi enfin pourquoi tu es enragée à ce point-là, tu es comme une insensée?

MATHILDE. Insensée ! On pourrait bien le devenir en se voyant trahie de cette manière ! Soyez tranquille, je ne me laisserai pas abattre, je n'y succomberai pas.

HAGEN. Trahi ! qui t'a trahie ?

MATHILDE. Assez de mensonges, assez de détours ! Je n'ai qu'à te dire le nom et tu seras confondu !

HAGEN. Dis-le moi, ce nom ?

MATHILDE (*avec force*). Hermine !

HAGEN. Hermine ?

MATHILDE. Vois ! tu as déjà désappris à rougir; — tu te tais cependant — tu n'as rien à dire ?

HAGEN. Mais quelle est cette Hermine ?

MATHILDE. Veux-tu la renier comme tu m'as reniée moi-même ? Quel odieux mensonge ! Tu ne me tromperas plus ! Oh! les heures ont dû s'écouler doucement pour toi dans la prison, (*ironiquement*) c'est dommage ! n'est-ce pas que tu n'y étais que pour quinze jours ? On aurait dû t'y mettre pour plus longtemps. — (*avec rage*)

On aurait dû t'y mettre à perpétuité ! c'est ce que méritent les hommes qui trompent leurs femmes !

HAGEN. Maintenant tu commences par m'ennuyer ! Silence. On frappe !

SCÈNE VI.

LES MÊMES. ADELGONDE (*arrivant par la droite*).

ADELGONDE. Je vous demande mille pardons de me présenter ainsi.

HAGEN (*à part*). Mille tonnerres ! Qu'est-ce qu'elle vient faire celle-ci ?

MATHILDE (*se remettant*). Veuillez prendre un siége ! A qui ai-je l'honneur de parler ?

HAGEN. Que vais-je dire maintenant ? (*Embarrassé, il cache sa figure dans ses mains*).

(*Position des acteurs :* Mathilde, Adelgonde, Hagen.)

ADELGONDE. Je suis Mademoiselle Adelgonde de Delmenhorst.

MATHILDE. (*Réfléchissant.*) Delmenhorst ?

ADELGONDE. Hermine Friedheim vous a sans doute parlé de moi .

MATHILDE. C'est bien cela, maintenant je me rappelle.

ADELGONDE. Vous étiez à la pension l'amie d'Hermine qui, dans ses lettres, me parlait toujours de sa Mathilde avec amour. Ma mère défunte m'a chargée de remettre à l'amie de notre protégée cet anneau en témoignage de souvenir, c'est l'objet de ma visite.

MATHILDE. (*Elle reçoit l'anneau.*) Mademoiselle, réellement vous me comblez.

ADELGONDE. Hermine m'écrivit votre adresse si exactement que je vous ai trouvée facilement, bien qu'elle n'ait pu me donner le nom de M. votre époux. Elle devait me rencontrer ici ce matin et cela m'étonne... (*Elle aperçoit Hagen.*) Que vois-je, vous ici, baron ?

MATHILDE. Baron ?

HAGEN (*à part*). Voilà que cela commence !

ADELGONDE. (*Regardant vivement.*) C'est une rencontre extraordinaire ! Vous ici, seul avec une jeune femme ?

MATHILDE. Permettez-moi... mon mari !

ADELGONDE. Votre mari ? Vous êtes marié, baron ? Voilà qui est fort !

HAGEN. Permettez-moi...

ADELGONDE. Vous ne m'en avez pas parlé lors de notre entrevue !

MATHILDE. Entrevue ? Voilà encore du nouveau !

ADELGONDE. Vous me faisiez croire que vous n'étiez pas marié.

MATHILDE. Voyez, il m'a reniée ! Oh! c'est épouvantable!

ADELGONDE. Vous me trompiez !

HAGEN. Mais je vous en prie.

ADELGONDE (*toujours très-convenable, mais aussi vivement que les convenances le permettent*). Se marier, lorsqu'on a déjà des engagements d'un autre coté !

MATHILDE. Des engagements d'un autre côté ? Que de choses honteuses ce seul jour met à la lumière!

ADELGONDE. Des engagements qu'on pouvait rompre d'une manière franche et loyale !

MATHILDE (*toujours surexcitée*). Des engagements!
des engagements! J'en suis stupéfaite!

ADELGONDE. Au lieu d'agir ainsi, vous gardez le silence,
vous vous rendez à l'entrevue dont nous étions convenus.

MATHILDE. Une entrevue avec vous!

ADELGONDE (*la fixant*). Sans doute!

MATHILDE. Oh! comme je suis trompée!

ADELGONDE. Permettez, c'est moi qui suis trompée!

HAGEN. Si je pouvais seulement arriver à dire un mot!

ADELGONDE. Mais vous ne croyez pas, sans doute, que
je laisserai passer cela! Votre mariage fait tomber les
prétentions que vous aviez à la succession de mon oncle;
je reviens sur la renonciation que j'avais faite!

HAGEN. Mais écoutez-moi donc!

ADELGONDE. La loi décidera entre nous!

MATHILDE. Oui! c'est la loi qui doit décider, traître
sans foi ni loi! Toi qui m'as prise pour femme, pendant que
tu avais d'autres engagements, et maintenant tu tournes
la tête à une troisième, en lui promettant le mariage!

ADELGONDE. Que viens-je d'entendre?

MATHILDE. Oh! mademoiselle, ce monsieur ne respecte
rien, il n'a aucun sentiment, il se fait un jeu de tromper
ses victimes et de les plonger dans le désespoir.

ADELGONDE. Qu'est-ce que cela veut dire, baron?

HAGEN. Je perds la tête!

MATHILDE. Ainsi, vous êtes baron? Et pourtant vous
me faisiez toujours croire que vous aviez perdu vos parents de bonne heure; que vous étiez seul au monde,
sans famille. Ainsi vous avez pris un faux nom!

ADELGONDE. Un faux nom? C'était pour cacher son mariage à sa famille? Ah! c'est trop fort!

HAGEN (s'élance entre les deux). Je vous dis qu'il n'y a rien de vrai dans tout cela!

MATHILDE. Comment! vous osez encore nier!

HAGEN. Oui! oui!

ADELGONDE. Vous n'êtes donc pas marié?

HAGEN. Oui! oui!

ADELGONDE. Ainsi!

MATHILDE. N'avez-vous pas eu aucune entrevue avec mademoiselle?

HAGEN. Oui! oui!

MATHILDE. Ainsi!

ADELGONDE. Ne m'avez-vous pas fait croire que vous n'étiez pas marié?

HAGEN. Oui! oui! oui!

ADELGONDE. Ainsi!

MATHILDE. N'avez-vous pas promis le mariage à Hermine?

HAGEN. Oui! oui!

MATHILDE. Il avoue formellement!

HAGEN. Non! non! non! au nom du diable! vous me faites perdre totalement l'esprit! Mais écoutez-moi un instant, tenez-vous tranquilles, laissez-moi parler (à Adelgonde). J'étais en prison!

ADELGONDE. Comment?

HAGEN (à Mathilde). C'est-à-dire, je n'étais pas en prison!

MATHILDE. Comment?

HAGEN (à Adelgonde). Je suis marié!

ADELGONDE. Ainsi.....

HAGEN (à *Mathilde*). Mais je le lui ai caché !

MATHILDE. Ainsi !

HAGEN (à *Adelgonde*). J'ignorais que vous viendriez.....

ADELGONDE. Comment ?

HAGEN (à *Mathilde*). Wallbeck ne m'avait rien dit !

MATHILDE. Comment ?

HAGEN (à *Adelgonde*). Je suis Hagen !

ADELGONDE. Comment ?

HAGEN (à *Mathilde*). Je ne suis pas baron !

MATHILDE. Comment ?

HAGEN (à *Adelgonde*). Comprenez-vous ?

ADELGONDE. Non !

HAGEN (à *Mathilde*). Comprends-tu ?

MATHILDE. Tout.

HAGEN. Dieu soit loué !

MATHILDE. Tu es un traître !

HAGEN. Non. (à *Adelgonde*.) C'était le baron qui était en prison.

ADELGONDE. Comment ?

HAGEN (à *Mathilde*). J'étais en voyage !

MATHILDE. Comment ?

HAGEN (à *Adelgonde*). Vous vouliez m'épouser !

ADELGONDE. Le testament.....

HAGEN. Mais je n'étais pas le vrai baron !

MATHILDE. Comment ?

HAGEN (à *Adelgonde*). Je jouais son rôle !

ADELGONDE. Le rôle de qui ?

HAGEN. De celui qui était en prison pour moi.

MATHILDE. Qui donc ?

HAGEN. Le baron !

ADELGONDE. Mais vous êtes pourtant...

HAGEN. Je ne suis rien !...

SCÈNE VII.

LES MÊMES, WALLBECK (*arrivant par le jardin*).

HAGEN (*il aperçoit Wallbeck, s'élance vers lui et l'entraîne au milieu de la scène*). Le voilà ! le voilà ! ce baron qui a été en prison ; c'est lui qui a un oncle ; c'est lui qui devait vous épouser ; c'est lui qui a fait la cour à ma femme ; c'est lui qui m'a envoyé à Wallbeck. Le voilà ! le voilà ! ce suborneur de filles ; c'est lui qui est cause de tout ce trouble ; c'est lui ! c'est lui ! Je n'en puis plus !

WALLBECK. Mais, Hagen, êtes-vous fou de me jeter ainsi au milieu de ces dames ?

HAGEN. Arrangez-vous avec elles comme vous voudrez. Mademoiselle, voilà le véritable baron ; voilà votre cousin ; c'est lui qui devait vous épouser ; faites de lui ce que vous voudrez (*Il va au fond de la scène, se jette sur un fauteuil et s'essuie le front*).

WALLBECK. C'est vous qui êtes mademoiselle Adelgonde de Delmenhorst?

ADELGONDE C'est moi !

WALLBECK. Je suis Ernest de Wallbeck, votre cousin.

ADELGONDE (*elle s'incline*). Mais dites-moi par suite de quelles circonstances...

WALLBECK. Il est impossible de méconnaître la ressemblance de famille, hier, déjà, lorsque je vous vis dans la prison.....

Adelgonde. Il me semblait aussi que vos traits ne m'étaient pas inconnus.

SCÈNE VIII.

Les Mêmes, FRIEDHEIM, HERMINE, RAMSDORF.

Friedheim. Voilà Hermine, maintenant tout va se dévoiler !

Hermine (*elle s'élance vers Mathilde*). Mathilde ! Est-ce vrai tout ce que mon père dit ?

Mathilde. Silence, il y a ici quelque méprise (*elles se parlent bas*).

Ramsdorf (*il se tient au fond de la scène, et considère Adelgonde*).

Friedheim (*à Wallbeck*). Ah ! ah! vous voilà fameux docteur Hagen, vous êtes marié, et vous promettez le mariage à une jeune fille ; voilà un tour de coquin ! Mais cela ne se passera pas ainsi, l'épée tranchera la question. (*en montrant Ramsdorf*) Je viens heureusement de rencontrer monsieur, qui me servira de second.

Hermine. Est-ce possible ! mon cœur est soulagé.

Mathilde. Moi aussi, je recommence à respirer librement.

Friedheim. Allons! marchons monsieur le docteur !

Hagen (*s'élançant*). Qui me veut quelque chose ! En voilà encore un !

Friedheim. Ah ! vous aussi, vous êtes ici ?

HAGEN. Certainement! je suis ici. Vous parliez d'un second, arrivez, je sais manier mon épée.

FRIEDHEIM. Bah! que voulez-vous, c'est avec le docteur Hagen que j'ai à faire.

HAGEN. Le docteur Hagen, c'est moi!

FRIEDHEIM. Encore! Il y a quinze jours que vous vouliez le remplacer en prison, et maintenant vous voulez vous battre pour lui, mais vous ne m'attrapperez pas (*montrant Wallbeck*), voilà mon homme!

WALLBECK (*riant*). Hagen, nous avons beau faire, la chose ne peut plus se cacher.

FRIEDHEIM. Non, il faut qu'elle s'arrange avec du sang.

WALLBECK. En aucune manière, mon cher! Madame Hagen, mademoiselle, monsieur Friedheim, je dois vous dire qu'il y a eu un échange de rôle. Mon ami Hagen devait aller en prison, j'ai été arrêté à sa place, mis en prison pour lui; et lui, pendant ce temps là, est allé pour moi à mon château de Wallbeck!

FRIEDHEIM. Ainsi, c'est moi qui suis trompé!

WALLBECK. Certainement.

FRIEDHEIM. L'un était donc en prison pour l'autre?

WALLBECK. Certainement.

HAGEN (*à Mathilde*). Comprends-tu maintenant?

MATHILDE. Pas encore très-bien.

HAGEN (*lui parle bas*).

HERMINE (*va vers son père*).

(*Position des acteurs :* Mathilde, Hagen, Hermine, Wallbeck, Adelgonde, Ramsdorf (*dans le fond de la scène*).

ADELGONDE. Ainsi vous êtes?

WALLBECK. Wallbeck.

ADELGONDE. Et non marié?

WALLBECK. Pas encore !

FRIEDHEIM. Et ma fille ?

WALLBECK. Sera ma femme, si vous voulez me la donner?

FRIEDHEIM. C'est une histoire du diable !

HERMINE (à *Adelgonde*). Consentez-vous à mon bonheur? Je ne connaissais pas M. de Wallbeck! et sans votre consentement, ma bonne protectrice, il m'est impossible d'être heureuse.

WALLBECK. Si Hagen vous a parlé à ma place, au château de Wallbeck, c'est par suite de circonstances toutes particulières,— et il n'y avait pas de dessein prémédité.

RAMSDORF (*s'avance vers Aldegonde*). Je puis l'affirmer, Adelgonde, j'étais dans le secret.

(*Position des acteurs :* Mathilde, Friedheim, Wallbeck, Hermine, Ramsdorf, Adelgonde.)

ADELGONDE (*elle a aperçu Ramsdorf et l'observe*). Vous ici, Louis?

RAMSDORF. J'avais renoncé à l'espérance de vous revoir.

ADELGONDE. Mes pensées vous cherchaient au-delà des mers !

RAMSDORF (*causant à demi-voix avec Adelgonde*). Ainsi, vous ne m'avez pas oublié ?

ADELGONDE (*avec sentiment*). Pouvez-vous en douter ?

RAMSDORF. Non! non! —Il me semble que cette couche de glace qui couvrait mon cœur vient de se fondre!

ADELGONDE. Silence ! mon ami! ce que nous avons à nous dire, les étrangers ne doivent pas l'entendre.

RAMSDORF. Je vous comprends, Adelgonde! une nou-velle vie doit-elle renaître pour moi? (*il lui baise la main*).

FRIEDHEIM (*qui a parlé bas avec Wallbeck*). Au nom de Dieu!

WALLBECK (*prenant la main d'Hermine*). Mademoi-selle! pardonnez, et consentez à notre bonheur?

HERMINE. Ma bonne marraine!

ADELGONDE (*regardant Ramsdorf*). Puis-je maintenant être en colère? Ma renonciation...

WALLBECK (*vivement*). Je ne demande rien!

ADELGONDE. J'avais pensé à doter Hermine et vous serez content de moi... (*Elle réunit Wallbeck et Hermine*).

HAGEN (*qui a continué à parler bas avec Mathilde*). Tu vois que je suis tout à fait innocent!

MATHILDE. Mon noble ami! peux-tu me pardonner ma vivacité?

HAGEN. Elle a été pour moi une preuve de ton amour, et cela aura aussi de bons résultats pour moi. Wallbeck m'a tout avoué (*tendrement*), et—tu ne te plaindras plus désormais que je te néglige!

WALLBECK. Ainsi tout le monde est content.

FRIEDHEIM. Permettez! les devoirs de mon emploi l'exi-gent,— puisqu'il y a eu une substitution de personnes, il faut que le docteur Hagen vienne refaire ses quinze jours!

HAGEN. Voilà du beau!

HERMINE. Père tu ne voudras pas.

MATHILDE. Non? non! je ne le laisse plus partir.

WALLBECK. Soyez donc raisonnable.

ADELGONDE. Je vous nomme super-intendant de mes propriétés, ainsi les devoirs de votre emploi ont cessé.

Paris. — Imp. de BLONDEAU, rue du Petit-Carreau, 32.